Várias faces da
INDEPENDÊNCIA
DO BRASIL

Conselho Acadêmico
Ataliba Teixeira de Castilho
Carlos Eduardo Lins da Silva
Carlos Fico
Jaime Cordeiro
José Luiz Fiorin
Magda Soares
Tania Regina de Luca

Proibida a reprodução total ou parcial em qualquer mídia
sem a autorização escrita da editora.
Os infratores estão sujeitos às penas da lei.

A Editora não é responsável pelo conteúdo deste livro.
Os Organizadores e os Autores conhecem os fatos narrados,
pelos quais são responsáveis, assim como se responsabilizam pelos juízos emitidos.

Consulte nosso catálogo completo e últimos lançamentos em **www.editoracontexto.com.br**.

Bruno Leal
José Inaldo Chaves
Organizadores

Luiz Carlos Villalta • Andréa Slemian
Helio Franchini • Keila Grinberg • Vânia Moreira
Neuma Brilhante • Janaina Martins Cordeiro

Várias faces da
INDEPENDÊNCIA DO BRASIL

Copyright © 2022 dos Organizadores

Todos os direitos desta edição reservados
à Editora Contexto (Editora Pinsky Ltda.)

Ilustração de capa
Detalhe alterado de *Independência ou Morte (Grito do Ipiranga)*,
de Pedro Américo

Montagem de capa e diagramação
Gustavo S. Vilas Boas

Preparação de textos
Mariana Carvalho Teixeira

Revisão
Lilian Aquino

Dados Internacionais de Catalogação na Publicação (CIP)

Várias faces da Independência do Brasil /
organizado por Bruno Leal, José Inaldo Chaves; Luiz Carlos
Villalta...[et al]. – São Paulo : Contexto, 2022.
208 p.

Bibliografia
ISBN 978-65-5541-150-8

1. Brasil – História – Independência, 1822
I. Leal, Bruno II. Chaves, José Inaldo III. Villalta, Luiz Carlos

22-3405   CDD 981.04

Angélica Ilacqua – Bibliotecária – CRB-8/7057

Índice para catálogo sistemático:
1. Brasil – História – Independência, 1822

2022

Editora Contexto
Diretor editorial: *Jaime Pinsky*

Rua Dr. José Elias, 520 – Alto da Lapa
05083-030 – São Paulo – sp
pabx: (11) 3832 5838
contexto@editoracontexto.com.br
www.editoracontexto.com.br

Sumário

O bicentenário	7
O processo político	19
Ideias em ação	51
As províncias do Norte	71
A guerra de Independência	97
Escravizados e libertos	125
Os povos indígenas	137
Depois da Independência	161
O Sesquicentenário em 1972	183
Os organizadores e os autores	205

O bicentenário

BRUNO LEAL
JOSÉ INALDO CHAVES

ONTEM E HOJE

"Não, não é um combate; é lorde Cochrane, que, fazendo fogo sobre a esquadra portuguesa, firma com seus canhões a independência do Brasil. Agora só nos resta correr adiante do exército pacificador, entoando vivas ao dia 2 de julho de 1823 (*Cai o pano*)."[1]

Assim acaba o principal ato da peça *Os tempos da independência*, drama histórico em três atos, prólogo e epílogo, de Constantino do Amaral Tavares, representado no Theatro de S. Pedro de Alcântara, na cidade de Salvador, Bahia, no dia 4 de julho de 1861, por ocasião dos festejos do dia 2 de julho.

A peça de Tavares é um dos muitos dramas históricos que fizeram sucesso no Brasil oitocentista. Eivada de nacionalismo, *Os tempos da independência* exalta a galhardia e o heroísmo com que os "brasileiros", supostamente unidos, conquistaram sua independência de Portugal, numa luta longa, sofrida, iniciada com a Revolução Pernambucana, em 1817, e terminada com a derrota do coronel Inácio Luís Madeira de Melo ante o cerco de Thomas Cochrane, almirante da Armada Nacional e Imperial, em Salvador, no 2 de julho festejado por Tavares.

A comemoração da independência brasileira sempre foi objeto de festejos, envolvendo desde homens de letras e representantes do governo até a população.

Para muitas pessoas, a Independência foi tanto história quanto memória vivida, caso de boa parte dos que assistiram, por exemplo, à apresentação da peça de Tavares em 1861. Em 1922, o cenário já era outro. No primeiro centenário da Independência, Pedro, Bonifácio, Cochrane e companhia já eram figuras do passado. Mas esse outro Brasil, embora republicano, não abriu mão das celebrações. Na edição de 9 janeiro de 1922, o avanço bolchevique na Europa dividia a primeira página de *O Correio da Manhã*, do Rio de Janeiro, com notícias sobre as preparações para os 100 anos da Independência do Brasil. O jornal falava longamente dos adereços que a cidade começava a ganhar: mastros triunfantes, brasões de armas, medalhões com nomes da Independência, epígrafes, bandeiras, faixas, baldaquinos, sanefas, bambinelas e toldos de diferentes cores e formatos. As ruas, como se pode ver, se enfeitavam para lembrar. O *Correio* contabilizava apenas no dia anterior três missas rezadas na santa Igreja do Rosário, no centro, em homenagem à emancipação brasileira de Portugal. Uma dessas missas fora realizada "em sufrágio da alma de todos aqueles que colaboraram nos grandiosos acontecimentos". A Igreja do Rosário, aliás, onde entre 1820 e 1825 funcionou o Senado da Câmara, ganharia naquele mesmo dia uma placa comemorativa, encomendada pelo presidente da República, Epitácio Pessoa, e pelo prefeito da capital, Carlos Cesar de Oliveira Sampaio. "Desta igreja, onde funcionou o Senado da Câmara, saiu, às 11 horas da manhã de 9 de janeiro de 1822, o préstito que, tendo à frente José Clemente Pereira, foi solicitar ao príncipe d. Pedro ficasse no Brasil."[2]

Em 1972, a ditadura militar fez o Brasil ir dormir e acordar com uma difícil palavra na cabeça: sesquicentenário. Embalados pela onda ufanista da Copa de 1970, justa e lindamente vencida pelo timaço de Pelé, e pelo sucesso (ainda que temporário) do "milagre econômico" de Antônio Delfim Netto, os militares se empenharam na produção de uma grande festa para celebrar os 150 anos da Independência. No flanco popular, as pessoas pintaram as ruas com verde e amarelo, enquanto a molecada brincava de ser D. Pedro; no plano oficial, as autoridades brasileiras promoveram o translado dos restos mortais de Pedro de Portugal para o Brasil, onde, em itinerário fúnebre, o primeiro (e penúltimo) imperador brasileiro visitou uma vez mais as capitais brasileiras.

Em todos esses episódios de comemoração, a baliza temporal está sempre mudando. Ora é o 2 de julho a data dos maiores festejos, ora é o 7 de setembro. Também mudam os principais homenageados: por vezes Tiradentes, por vezes D. Pedro. Esquerda e direita, ditadores e revolucionários, ninguém ignora os simbolismos de 1822, ninguém recusa comemorar a efeméride: os dois lados têm os seus próprios ídolos, suas formas de lembrar e esquecer. Em todas as ocasiões, os aniversários da Independência, com mais ou menos liberdade, abriram espaço para o debate público, o conflito de ideias e os usos políticos do passado.

O livro que você, leitor ou leitora, tem em mãos nasce dentro de mais uma *ocasião de memória*; agora, o cenário é o segundo centenário da Independência. Mas como chegamos em 2022? Acho que todos devem concordar conosco: chegamos um tanto cambaleantes. Após quatro anos de arroubos antidemocráticos no governo federal e mais de dois anos de uma devastadora pandemia do SARS-CoV-2, o coronavírus causador da covid-19, que entre 2020 e 2022 matou mais de 650 mil brasileiros, é impossível não chegar até aqui um pouco tonto. Mas o país, ainda assim, surpreendentemente, continua interessado na história nacional, como demonstram as revistas de história vendidas nas bancas de jornal, os blogs de história, as polêmicas públicas, os novos podcasts, canais no YouTube, programas de televisão e livros sobre o tema. A História do Brasil consolidou-se como um nicho de mercado, queiram os historiadores ou não. E é por isso também que escrevemos sobre a Independência. Escrevemos sobre ela porque acreditamos que é papel social do historiador produzir obras históricas que atendam à demanda pública pelo passado; escrevemos porque entendemos o poder da história pública como forma de aproximar a universidade da sociedade.

Em janeiro de 2022, a imprensa divulgou dados de uma pesquisa inédita encomendada pelo Observatório Febraban ao Instituto de Pesquisas Sociais, Política e Econômicas (Ipespe) sobre a percepção que os brasileiros têm da história e dos símbolos nacionais. Segundo essa pesquisa, a abolição da escravidão, em 13 de maio de 1888, aparece em primeiro lugar, apontada por 31% dos entrevistados como o fato mais importante da História do Brasil. A Independência vem em segundo, apontada por 18% dos respondentes. Dos ouvidos pela pesquisa, 59% disseram não saber do bicentenário da Independência.[3]

Na ocasião, o pesquisador Thiago Amparo, professor da Fundação Getulio Vargas (FGV), analisando o resultado da pesquisa, sublinhou que fatores como a permanência do racismo e a difusão do debate racial no país ajudam a entender a data mais valorizada pelos brasileiros. Amparo também comentou o segundo lugar da Independência:

> o Brasil, diferentemente de muitos países latino-americanos de língua espanhola, não pensa profundamente sobre seu processo colonial. Isto faz com que, no Brasil, o dia da independência seja mais um feriado do que efetivamente um momento de reflexão sobre legado colonial em nossas instituições.[4]

Embora o interesse dos brasileiros por 1822 não pareça ser o mesmo de outrora, este é um passado que segue em disputa. Em meados de 2021, a poucos meses do ano do bicentenário, o governo federal ainda não havia divulgado nenhuma agenda oficial de comemoração para o 7 de setembro de 2022. O silêncio gerou cobranças de setores da direita brasileira. Uma das queixas foi feita no Twitter, em agosto daquele ano, pelo cineasta Josias Teófilo, diretor do documentário *O jardim das aflições*, sobre o astrólogo Olavo de Carvalho:

> Nada foi divulgado até agora, e não existe nem tempo hábil para lançar um edital. Bolsonaro foi eleito para combater o socialismo internacionalista. Aí vem o bicentenário da independência, a data mais importante dos últimos anos para o Brasil, e eles não fazem nada? Não tenho palavras para expressar a vergonha que sinto.[5]

A crítica parece ter sido ouvida em Brasília, pois, alguns meses depois, em novembro, o secretário especial de Cultura do governo, Mário Frias, anunciou em *live* semanal do presidente Jair Bolsonaro o lançamento de uma linha de crédito no valor de R$ 600 milhões para ações envolvendo o bicentenário da Independência.[6] Mas a verdade é que, mesmo antes disso, Bolsonaro parecia já estar ciente da força política do 7 de setembro. Nessa data, em 2021, o presidente da República discursou para milhares de apoiadores na avenida Paulista, em São Paulo, onde ameaçou o ministro do STF Alexandre de Moraes, dizendo que não poderia "participar de uma farsa patrocinada pelo Tribunal Eleitoral" e que as manifestações do 7 de setembro eram um "ultimato" aos Poderes da República.[7]

A expectativa de que o governo Bolsonaro participe das comemorações do bicentenário em 2022 a partir de chaves ufanistas e romantizadas. No site oficial do bicentenário, o texto de apresentação do evento parece confirmar a expectativa:

> A Independência do Brasil foi conquistada com um brado. Nossa liberdade, anunciada com uma exclamação. Um jovem príncipe, do alto de seu cavalo, ergueu sua espada. Refletindo nela a luz do sol, ao som das águas do Ipiranga, ecoou a voz em forte grito. Pela força de sua coragem, derrotou os que nos aprisionavam. Com a ousadia de sua afronta, fez soberana a nossa nação.[8]

A historiadora Neuma Brilhante, que participa como autora desta obra, deu uma entrevista ao portal Café História que ajuda a entender um pouco melhor a genealogia dessas ideias:

> A memória nacional do 7 de setembro ainda é fortemente influenciada pela versão que a explica do ponto de vista do Estado e conduzida por heróis de modo ordeiro. Tal perspectiva foi construída ainda no século XIX, reforçada durante a ditadura militar, e adequa-se sobremaneira ao projeto político do grupo que hoje encontra-se no poder e de seus apoiadores.[9]

É importante dizer, por outro lado, que, apesar de o Estado ter recursos e estrutura para produzir narrativas sobre a Independência, ele não é o único agente político interessado nesse passado ou capaz de pautar o debate público sobre os 200 anos da Independência. A imprensa certamente tem um papel fundamental na proposição de debates, assim como movimentos sociais, editoras, grupos indígenas, museus históricos, intelectuais e pesquisadores acadêmicos.

Este livro, a propósito, foi produzido por indivíduos que fazem parte deste último subgrupo, em parceria com uma editora que vem atuando nos últimos trinta anos na interpretação histórica do Brasil. Organizamos esta obra pensando prioritariamente no leitor que não tem formação em História, mas que tem enorme interesse no estudo do passado. Por isso, os oito capítulos são escritos em linguagem direta e didática, mas sem perder a problematização historiográfica. Os capítulos podem ser lidos em diferentes ordens e foram escritos por historiadores e historiadoras que há anos se debruçam sobre o tema. Graças ao trabalho desses pesquisadores e pesquisadoras, nosso conhecimento sobre a história brasileira avançou, complexificou-se, descobrimos novos documentos, despertamos para novas interpretações e conseguimos desfazer uma série de mitos.

Os textos que você vai encontrar neste livro contam o processo de independência desde seus aspectos mais básicos e factuais, mas refletem também grandes inovações na forma de escrever a história do Brasil. Isso significa dizer, por exemplo, que fazem parte desta grande narrativa não só as figuras políticas que costumamos conhecer dos antigos livros escolares, como D. Pedro, Maria Leopoldina, José Bonifácio e Clemente Pereira, mas também atores coletivos que durante muito tempo foram excluídos das narrativas históricas, como os pobres, os escravizados, os libertos e os indígenas, que compunham a maioria da população brasileira. Não foram eles personagens passivos na Independência, como se pode ainda acreditar por aí. Esses homens e mulheres criaram expectativas, negociaram com as cartas que tinham e engajaram-se em diferentes processos políticos. Você também verá que a independência não foi um processo pacífico; verá de que forma os governos podem se apropriar de 1822 para justificar suas agendas no presente; verá com quantos fios se fez a trama política do período da Independência. O que será que mudou no Brasil após a nossa emancipação de Portugal? O que será que se manteve? E quais "brasileiros" eram aqueles?

OS CAPÍTULOS

No capítulo "O processo político", Luiz Carlos Villalta explora o complexo processo político da Independência. Para isso, o historiador examina a transferência da Corte portuguesa de Lisboa para o Rio de Janeiro, a interiorização do Brasil, a "Revolução Liberal do Porto", dentre outros eventos políticos que culminaram com a separação do Brasil de Portugal. Villalta também examina os debates sobre as identidades nacionais: o que seriam os habitantes do novo Brasil? Brasileiros? Brasílicos? Brasilienses? Americanos? Muitos perguntavam-se em que medidas seriam ainda portugueses. Não havia nenhum manual à disposição daqueles homens e mulheres, de modo que as identidades foram mais negociadas do que impostas.

No capítulo "Ideias em ação", Andréa Slemian fala do mundo das ideias que circulavam no Brasil em princípios do século XIX. Ela examina particularmente uma dessas ideias, talvez a mais explosiva de todas desde o final do século XVIII, responsável por transformações no exercício do poder: as constituições.

O debate constitucional provocou um verdadeiro vendaval político na Europa e nas Américas. As elites emancipacionistas brasileiras não foram exceção e também foram embaladas por essa poderosa palavra. Mas as constituições também animaram os setores populares, fazendo com que homens e mulheres comuns, até então alijados da participação da tomada de decisões, pudessem sonhar com uma nação em que seus desejos e vontades fossem levados em consideração. Qual seria o lugar da tradição neste país recém-independente? Como o poder no Brasil seria afetado pela Carta Magna, por alguns chamada de "regra infalível da justiça" e considerada por outros até como "sagrada"? São perguntas que norteiam o capítulo.

O capítulo "As províncias do Norte" é assinado por um dos organizadores desta obra, José Inaldo Chaves. Durante muito tempo, os historiadores produziram uma história que partia quase que exclusivamente do ponto de vista do Rio de Janeiro. E isso levou a certos entendimentos do nosso passado. Neste capítulo, José Inaldo rompe com essa perspectiva. O historiador discute o papel das províncias do Norte na Independência, o que nos leva a ampliar os atores políticos desse processo. Mais do que um mero olhar regionalista, o que José Inaldo faz é discutir outros projetos políticos para o Brasil e as diferentes negociações que vão culminar em nossa emancipação política.

No capítulo "A guerra de Independência" é quase possível sentir o cheiro de pólvora, escutar os tiros de canhões e os gritos das tropas portuguesas e brasileiras em diferentes pontos do país. Helio Franchini, especialista no tema, mostra que nossa emancipação nada teve de pacífica. Neto sublinha que cerca de 6 mil soldados combateram na guerra de Independência do Brasil. Segundo o autor, "a ideia de que houve, em 1822-1823, uma guerra na Independência pode parecer inicialmente estranha, mas foi o que de fato ocorreu, em razão da disputa entre Rio de Janeiro e Lisboa, pelo controle do poder político e dos territórios do que hoje é o Brasil". O cenário militar da Independência englobou diversas províncias, contou com a participação de militares estrangeiros e revelou de forma violenta as contradições e diferentes visões de futuro para o nosso país.

No capítulo "Escravizados e libertos", Keila Grinberg opõe-se a uma ideia muito difundida no senso comum, e até mesmo entre historiadores: a de que escravizados, libertos e afrodescendentes não teriam participado de forma alguma do processo que culminou na independência. Para Grinberg, essa visão não é verdadeira. A participação popular, sublinha a autora, existiu, mas ela não teria se dado pelas "vias tradicionais de se fazer política, nem a partir das concepções usuais de representação e expressão partidária. Ao contrário, esses atores construíram suas próprias expectativas em relação aos acontecimentos, principalmente no que diz respeito aos vários significados assumidos à época pela palavra *liberdade*". A historiadora, nesse sentido, nos conta a história de comunidades e de ações de resistências que mesmo conjugadas em uma relação de subalternidade não esmoreceram – as lutas pela independência não se deram apenas com tiro e com a "cavalaria", sendo também fruto de interpretações, expectativas e debate político.

No capítulo "Os povos indígenas", o leitor vai encontrar um debate ainda pouco conhecido quando se fala sobre a independência brasileira: o lugar dos povos indígenas. A historiadora Vânia Moreira examina as ideias nativistas, o indianismo e etnocídio aos quais os povos originários do Brasil continuaram sendo vítimas após 1822. Para esses povos, as notícias da independência rendiam severas preocupações quanto ao futuro: o que essa nova nação americana lhes reservava? Ela traria impacto sobre suas liberdades? Seu direito à terra seria preservado? Muitos temiam que a libertação de Portugal os faria voltar ao cativeiro. Em diversos aspectos, sublinha a historiadora em seu capítulo, a independência, a despeito do indigenismo que irá crescer, representou uma continuidade de violências estruturais.

No capítulo "Depois da Independência", Neuma Brilhante teve a missão de discutir as permanências e as rupturas do Brasil independente. Esse é um debate antigo entre os historiadores: determinar se nossa emancipação foi revolucionária ou conservadora, se manteve estruturas ou as rompeu, se nosso vínculo foi mais com a modernidade ou mais com a tradição. Neuma simplesmente escapa dos dualismos e das falsas polarizações: houve uma coisa *e* outra. Para a autora, esse exercício deve ser feito com cuidado: "pensar [...] a independência de modo rápido em termos de novidades e permanências é temerário e pode nos levar a respostas simplistas, muitas vezes mais orientadas pela vontade de legitimar o presente e julgar o passado do que de compreender o complexo processo pelo qual passou o Brasil".

No último capítulo, "O Sesquicentenário em 1972", a historiadora Janaina Martins Cordeiro faz um pulo no tempo. Estamos agora em 1972, durante as comemorações do Sesquicentenário. Apenas dois anos antes, os brasileiros tinham cantado com todo o pulmão "Noventa milhões em ação, pra frente, Brasil do meu coração". Para Cordeiro, "a ditadura soube se associar às vitórias da seleção e conduzir a seu favor tais sentimentos, de modo que determinada forma de nacionalismo 'verde-amarelo' se tornou uma das marcas daqueles anos". O Brasil vivia naquele início dos anos 1970 um nacionalismo exacerbado, embalado pela visão romântica dos mitos fundadores da Independência. Muitos leitores vão, nesse capítulo, lembrar-se de seus tempos de escola: do hasteamento da bandeira antes de entrar em sala de aula, da letra do Hino Nacional nos cadernos, das aulas de Educação Moral e Cívica e de toda a parafernália ufanista produzida por um regime que se dividia entre celebrar o orgulho da "brasilidade" e torturar brasileiros nos porões do Deops.

O QUE SERÁ DE 2122?

Terminaremos esta breve apresentação conjecturando: como será o terceiro centenário da Independência, em 2122? Nós, historiadores, somos ótimos profetas do passado, mas costumamos patinar quando o assunto é o futuro. Ainda assim, esse curioso exercício de prospecção é válido porque ele só pode existir a partir de um ponto de partida: o nosso presente, carregado de passado, de expectativas, de frustrações, de medos e angústias. Nós acreditamos (queremos acreditar) que a história continuará tendo valor para os brasileiros; que nossas novas identidades, hábitos de consumo, comportamentos e desejos serão decisivos para novas leituras desse ainda mais distante 1822. Mas é difícil fazer esse exercício de adivinhação. Por exemplo: teremos em 100 anos abandonado definitivamente uma história pública romantizada de 1822 ou ainda estaremos lutando contra narrativas heroificadas, ufanistas e conservadora? E mais: o que os nossos netos e bisnetos pensarão sobre as comemorações do passado, inclusive as nossas? Tudo é chute, tudo é aposta. O que esperamos é que os historiadores ocupem ainda um lugar de destaque nesta sociedade do futuro, não como os "explicadores oficiais do passado", mas como profissionais que, como ontem e hoje, dedicam-se a produzir trabalhos éticos, sérios e conectados com o seu tempo (*Cai o pano*).

Os organizadores

Notas

[1] TAVARES, Constantino do Amaral. *Os tempos da independência*. Bahia: Tipografia de Antônio Olavo da França Guerra, 1861.
[2] *Correio da Manhã*. Rio de Janeiro, 9 jan. 1922, p. 1. A ortografia foi atualizada. Texto original disponível em: < http://memoria.bn.br/docreader/docreader.aspx?bib=089842_03&pagfis=9053>. Acesso em: 9 maio 2022.
[3] FEBRABAN. Observatório Febraban, Pesquisa Febraban-Ipespe, dez. 2021. Disponível em: <https://portal.febraban.org.br/pagina/3284/48/pt-br/pesquisa-observatorio>. Acesso em: 8 mar. 2022.
[4] *O Globo*, "Pesquisa inédita mostra que abolição da escravidão é fato mais importante da História do país para os brasileiros". Rio de Janeiro, 9 jan. 2022. Disponível em: <https://oglobo.globo.com/politica/pesquisa-inedita-mostra-que-abolicao-da-escravidao-fato-mais-importante-da-historia-do-pais-para-os-brasileiros-veja-lista-25346841>. Acesso em: 8 mar. 2022.
[5] *Yahoo Notícias*, "Após pressão de conservadores, Mário Frias anuncia verba de R$ 600 milhões para bicentenário da Independência". 19 nov. 2021. Disponível em: <https://br.noticias.yahoo.com/ap%C3%B3s-press%C3%A3o-conservadores-m%C3%A1rio-frias-234429186.html>. Acesso em: 8 mar. 2022.
[6] Idem.
[7] *BBC Brasil*, "As ameaças de Bolsonaro em discursos no 7 de Setembro". 7 set. 2021. Disponível em: <https://www.bbc.com/portuguese/brasil-58479785>. Acesso em: 8 mar. 2022.
[8] *Governo do Brasil*, "Bicentenário da Independência". 19 fev. 2022. Disponível em: <https://www.gov.br/pt-br/campanhas/bicentenario/bicentenario-da-independencia>. Acesso em: 22 mar. 2022.
[9] BRILHANTE, Neuma. O bicentenário da independência e os usos políticos do 7 de setembro. Publicado em: 07 set. 2020. ISSN: 2674-5917. Acesso em: 10 mar. 2022, segundo esta historiadora (Entrevista): Bruno Leal entrevista Neuma Brilhante. *Café História*. Disponível em: <https://www.cafehistoria.com.br/o-bicentenario-da-independencia-e-os-usos-politicos-do-7-de-setembro-segundo-esta-historiadora/>.

O processo político

LUIZ CARLOS VILLALTA

Muitos brasileiros cultivam a ideia de que a Independência do Brasil foi decidida no dia 7 de setembro de 1822, às margens do riacho Ipiranga, em São Paulo, quando D. Pedro, o então príncipe regente do Reino do Brasil, chegava de Santos. Pensam, igualmente, que o 7 de setembro se deu como o representado no quadro *Independência ou Morte (O Grito do Ipiranga)*, de 1888, do pintor Pedro Américo.

Os brasileiros de meia-idade, além disso, costumam lembrar-se de D. Pedro na interpretação de Tarcísio Meira, no filme *Independência ou Morte*, de Carlos Coimbra, de 1972, quando o país comemorava 150 anos de Independência e vivia o período mais sombrio da Ditadura Militar (1964-1985).

O cineasta Coimbra, a propósito, inspirou-se em Pedro Américo, que, por sua vez, pintou seu quadro conforme as convenções estéticas e interesses políticos da época, dando a D. Pedro um protagonismo ímpar na representação pictórica que construiu.

Essas ideias e imagens suscitam algumas questões: será que nossa Independência se deu em 7 de setembro? Será que ela foi como a representaram o pintor Pedro Américo, em 1888, e o cineasta Carlos Coimbra, em 1972? Qual o papel que, de fato, D. Pedro teve na Independência? Que grupos lhe deram suporte? Haveria alguma ligação entre São Paulo e a Independência? Que independência foi a que tivemos?

A SINGULARIDADE DO BRASIL:
DESDE 1808, SEDE DE UM IMPÉRIO EUROPEU

A Independência do Brasil, no modo como ela aconteceu, é indissociável de três outras transformações anteriores.

A primeira delas foi a transferência da Corte portuguesa de Lisboa para o Rio de Janeiro, acontecida na passagem de 1807 para 1808, em decorrência da invasão de tropas francesas. Com essa transformação, uma colônia tornou-se sede de uma monarquia europeia, caso único em todas as Américas. Com isso, de certo modo, inverteu-se a relação de dependência observada entre as metrópoles, os países colonizadores, e as colônias, as regiões colonizadas: a cidade do Rio de Janeiro passou a ser a Corte portuguesa e, ali, grupos de pessoas importantes passaram a atuar no entorno do príncipe regente D. João, usufruindo de vantagens políticas, sociais e econômicas. Dentre essas vantagens, figurava a exploração de outras regiões do próprio Brasil e das demais áreas sob o controle português na Europa, na África e na Ásia. Essas pessoas importantes eram, sobretudo, nobres, funcionários civis, religiosos e militares da monarquia vindos de Portugal. Eram também os grandes negociantes e proprietários rurais, em parte do Sudeste do Brasil, ou seja, do próprio Rio de Janeiro, de São Paulo e de Minas Gerais. Segundo Maria Odila Leite da Silva Dias, deu-se aqui um processo de "interiorização da metrópole", isto é, parte da colônia virou metrópole.[1]

Logo em janeiro de 1808, quando estava ainda em Salvador, na Bahia, o príncipe D. João pôs fim ao regime comercial de exclusivo metropolitano, abrindo os portos do Brasil às potências amigas. Essa medida beneficiou inicialmente a Inglaterra, mas depois teve um caráter extensivo. Em parte, foi um "pagamento" feito pelo príncipe ao apoio dado pela Inglaterra à transferência da Corte. Foi também medida para conseguir-se arrecadar impostos, necessários para manter-se a nova Corte instalada no Rio de Janeiro (na época, boa parte dos impostos vinha de taxas portuárias).

Em 1815, em razão da mudança da posição do Brasil e de orientação estabelecida pelo chamado Congresso de Viena, conclave de representantes de países europeus reunidos depois da derrota de Napoleão Bonaparte e da restauração da dinastia de Bourbon na França, o Brasil foi transformado em Reino Unido a Portugal e Algarves (território no sul de Portugal).

A "interiorização da metrópole" (ou seja, a exploração do Norte do Brasil pelo Sudeste) explica, em boa parte, a ocorrência de um movimento que também pode ser associado à nossa Independência, ainda que, sob certos aspectos, seja seu reverso: a Revolução de 1817. Ela eclodiu no dia 6 de março de 1817, em Recife, ganhando toda a capitania de Pernambuco (inclusive a então comarca de Alagoas) e alastrando-se pela Paraíba, Rio Grande do Norte e parte do Ceará. Na Bahia, o padre Roma, enviado à capitania pelos revoltosos para ganhar seu apoio, foi preso e mandado executar pelo Conde dos Arcos, governador local. Com a Revolução, instalou-se uma República, inspirada no Diretório estabelecido na terceira etapa da Revolução Francesa de 1789. A República, que durou 75 dias, convocou uma Assembleia Constituinte, instituiu a liberdade de imprensa e de religião (unicamente das religiões cristãs) e, além disso, comprometeu-se com a abolição da escravidão, de modo lento, regular e legal.

Uma terceira transformação importante associada à Independência do Brasil foi a chamada Revolução Liberal do Porto, que eclodiu em 24 de agosto de 1820, em Portugal. Seu propósito era "regenerar Portugal", o que envolvia acabar com o absolutismo, instaurando uma monarquia constitucional, fazer de Lisboa novamente a sede do Império Português e recuperar a primazia de Portugal no seio do seu Império, algo que tinha sido perdido para o Brasil.

A Revolução Liberal do Porto entusiasmou todo o Império Português. Ela se alastrou por Portugal e, depois, pelo Brasil. Ganhou a adesão de uma a uma das capitanias brasileiras, entre inícios e fins de 1821, num movimento em torno da defesa de uma Constituição. Essa adesão começou pelas capitanias do Norte (Pará, Maranhão e Bahia). Ela foi, em parte, uma reação à "interiorização da metrópole", que beneficiou o Sudeste, mas constituiu, sobretudo, um sintoma da difusão dos ideais liberais, principalmente entre nossas elites. A Revolução logo chegou ao Rio de Janeiro, a São Paulo e a Minas Gerais. As capitanias, na medida em que aderiam à Revolução, foram transformadas em províncias. Essas novas províncias do Reino do Brasil se sentiam oprimidas e exploradas pelo governo monárquico absoluto do Rio de Janeiro. Queriam maior autonomia. Distintos grupos, no Brasil, viam na Revolução a oportunidade para acabar com diferentes opressões e explorações que datavam do período colonial.

O rei D. João VI, sem ter como reagir, curvou-se à Revolução Liberal do Porto e à ordem constitucional que se anunciava. Depois de alguma hesitação, em 26 de fevereiro de 1821, jurou a futura Constituição e atendeu à exigência de retornar a Portugal. Decidiu deixar no Brasil seu filho, D. Pedro, então com 23 anos, como regente do Reino. Convocou, então, os eleitores paroquiais – cujo papel era eleger os eleitores das comarcas, que por sua vez escolheriam os deputados das Cortes Constituintes de Lisboa – para submeter-lhes as instruções que deixaria para a Regência. A reunião desses eleitores, com assistência de público em arquibancada, deu-se na Praça do Comércio, prédio que fora construído por Grandjean de Montigny, atual Casa França-Brasil, no dia 21 de abril de 1821. Ali, alguns oradores, dentre eles Luís Duprat, exigiram o juramento da Constituição espanhola pelo rei D. João VI e mais a instalação de uma Junta Governativa no Rio de Janeiro, subordinada às Cortes de Lisboa, ganhando o apoio de populares presentes. D. João, sob pressão, cedeu quanto ao juramento da Constituição espanhola. Por ordem do príncipe D. Pedro, porém, a reunião da Praça do Comércio foi violentamente reprimida pelas tropas, com a morte de uma pessoa e várias outras feridas, e, então, D. João anulou seu juramento. O episódio tornou-se conhecido como o "Açougue dos Bragança", ficando como uma mancha para D. Pedro. Finalmente, em 26 de abril de 1821, o rei D. João VI partiu para Lisboa e nomeou D. Pedro regente do Reino do Brasil, dando-lhe plenos poderes. Todavia, a autoridade do regente ficou muito limitada, pois foi rejeitada pelas Cortes e pela maior parte das províncias do Brasil, além de ser abalada por insubordinação de militares e pela penúria financeira.

Segundo Lúcia Bastos Pereira das Neves, durante o ano de 1821, as Juntas Provisórias instaladas nas províncias com a Revolução procuraram, no geral, resguardar sua autonomia.[2] Em alguns casos, como os do Pará, do Maranhão, do Piauí e da Bahia, elas se ligaram às Cortes de Lisboa, enquanto noutros, como em Goiás, Mato Grosso e Rio de Janeiro, cultivou-se uma tendência ao isolamento. Essa foi também a posição inicial de Minas Gerais. Com isso, o poder do príncipe regente ficou muito enfraquecido, limitado ao Rio de Janeiro, com algum apoio mais forte em São Paulo. A instalação das Juntas nem sempre se deu, além disso, com tranquilidade, havendo, em alguns casos, disputas, mais ou menos violentas. Em Pernambuco, por exemplo, o governador Luís do Rego Barreto, no exercício do cargo desde a derrota da Revolução de 1817, malvisto por muitos por causa de suas ações repressivas, organizou uma Junta Governativa Constitucional, fingindo aderir ao movimento. Enfrentou, porém, a concorrência de outra Junta, instalada em Goiana, vila próxima a Recife. Entre março e outubro de 1821, houve disputa entre os dois grupos. Em 26 de outubro de 1821, finalmente, após acordos entre as partes, promoveu-se a eleição de uma nova Junta, que passou a ser presidida por Gervásio Pires Ferreira e houve a partida do Batalhão de Algarves para Portugal, acompanhando o ex-capitão-general. No Maranhão, algo similar ocorreu, como informa Oliveira Lima: seu governador Bernardo da Silveira Pinto da Fonseca pretendeu imitar Luís do Rego Barreto, jurando a Constituição em 5 de abril de 1821 e permanecendo à testa do governo da província. Porém, em 16 de fevereiro de 1822, ali se elegeu uma nova Junta, que foi presidida pelo bispo Frei Joaquim de Nossa Senhora de Nazareth.

Os revolucionários de 1820 convocaram uma Assembleia Constituinte, as chamadas Cortes. Como foi usado para o cálculo do número de representantes nas Cortes uma estimativa populacional de 1808, o Brasil, embora tivesse maior população, ficou com menor número de representantes: 72, de um total de 181 deputados. As Cortes, além disso, não esperaram a chegada dos deputados do Brasil para iniciar seus trabalhos (alguns deles até desistiram de ir para Lisboa, alegando como razão o curso dos acontecimentos).

Em Lisboa, os deputados do Brasil, pouco a pouco, vieram a perceber que as Cortes não queriam aumentar o poder das províncias. Notaram igualmente que não aceitavam compartilhar a condução do Império Português entre Lisboa e o Rio de Janeiro. Vários deles, inicialmente, em razão de ressentimentos com a Corte carioca, apoiaram essa posição das Cortes de Lisboa.

Essa situação também foi sendo percebida deste lado do Atlântico (ou neste "Hemisfério", como se dizia na época), com um hiato temporal de ao menos trinta dias (à época, as notícias de Portugal demoravam mais de um mês para chegar, dependendo das regiões e das condições de navegação). Alimentaram o temor de que houvesse uma tentativa de "recolonização" do Brasil. A recusa a compartilhar o poder com o Rio de Janeiro, ademais, atentava contra os interesses dos grupos do Sudeste, favorecidos pela "interiorização da metrópole". Movidos por tais temores e interesses, líderes políticos do Sudeste do Brasil acusaram Portugal de querer recolonizá-lo. Um dos líderes que o fez foi José Bonifácio de Andrada e Silva, importante cientista natural da Província de São Paulo e que ocupara vários cargos científicos e administrativos em Portugal.

Em Portugal, ademais, os deputados do Brasil foram alvos de certas hostilidades por parte de seus colegas portugueses e de populares. Disseram, por vezes, sentir-se intimidados. Os deputados que representavam Portugal, por sua vez, cultivavam certo ressentimento contra o abandono vivido desde a vinda da Corte para o Rio de Janeiro. Entendia-se que Portugal virara colônia e o Brasil, a metrópole.

As Cortes tomaram medidas visando suprimir instituições do Antigo Regime, da monarquia absoluta, criadas no Rio de Janeiro por D. João e, além disso, eliminar qualquer protagonismo dessa cidade e do príncipe regente D. Pedro. Moviam-se em boa parte pela ideia de que os deputados eleitos encarnavam a soberania da nação (e que a soberania não era algo compartilhado com o monarca). Almejavam também submeter as províncias brasileiras, algumas delas insubmissas, ao jugo de Lisboa. Tais medidas aumentaram, em Portugal, a animosidade dos deputados do Brasil e, aqui, fomentaram temores e ódios de D. Pedro e de setores de nossas elites, marcadamente do Sudeste, contra o governo lisboeta e contra o reino irmão, o de Portugal e Algarves, a antiga pátria-mãe. Manifestações populares ocorreram principalmente no Rio de Janeiro.

A ideia de Independência do Brasil, enfim, foi sendo construída sob esse clima, entre fins de 1821 e meados do segundo semestre de 1822. Sua vitória envolveu, de um lado, um trabalho de persuasão das várias províncias por líderes políticos. O príncipe regente D. Pedro, herdeiro da Coroa portuguesa, inicialmente manifestou reticências a desobedecer às Cortes e em assumir a ideia de independência. Porém, acabou por liderá-la, acatando os conselhos de seu pai, o rei D. João VI, antes de partir, quando o soberano recomendou-lhe liderar a independência caso percebesse que ela ocorreria. D. Pedro e D. João VI não aceitavam que a nação fosse a única detentora da soberania. Aliás, o rei, em 4 de julho de 1821, já de volta a Lisboa, depois de jurar diante das Cortes a nova Constituição ainda em elaboração, quis que fosse lido um discurso em que defendia tal concepção de soberania.[3] As Cortes não o permitiram, sem que antes o texto fosse corrigido e, em 9 de julho, quando ele foi finalmente lido, deputados encaminharam-no de volta a D. João VI, para que o modificasse de novo. Nas Cortes, com efeito, o deputado Xavier Monteiro afirmou que havia no discurso ideias "equívocas a respeito da soberania. Esta Assembleia reconheceu que a soberania existe na Nação; e no discurso acho uma ideia complexa, que julgo difere tanto destes princípios".[4] Ao abraçar a ideia de independência, D. Pedro, por sua vez, e os grupos de elite que o apoiaram, para conseguir o convencimento de algumas províncias submissas às Cortes, recorreram ao uso de tropas. Com isso, em partes do Reino do Brasil, deu-se uma verdadeira guerra, objeto de estudo de um outro capítulo neste livro, "A guerra de Independência".

Antes de falar sobre os acontecimentos que acirraram os ânimos e conduziram à Independência, é importante identificar os principais grupos que estavam em confronto. Em Portugal, de um lado, havia os deputados, os grupos de elite, nobres e grandes comerciantes, bem como populares, que, no geral, queriam restabelecer o papel de Lisboa e do Reino de Portugal e Algarves no Reino Unido e em todo o império lusitano. De outro lado, havia os deputados oriundos das províncias do Brasil, que defendiam bandeiras diferentes. Em sua maior parte, esses deputados almejavam garantir maior autonomia às suas províncias e refutavam o poder do governo do Rio de Janeiro, fosse porque o viam como herdeiro do absolutismo, fosse porque não queriam um poder centralizado. Porém, em número menor, havia os deputados de São Paulo e do Rio de Janeiro, que também defendiam a autonomia provincial, mas que, ao mesmo tempo, eram partidários de um compartilhamento do poder entre Lisboa e Rio de Janeiro, com a existência de um órgão executivo central no Reino do Brasil.

Os deputados do Brasil em Lisboa e, ainda, os líderes políticos que aqui permaneceram, pessoas pertencentes às nossas elites, de um modo muito esquemático, vinculavam-se a um dos seguintes grupos: o dos chamados "coimbrões" (46% dos deputados do Brasil, aliás, eram deste grupo, muito bem estudado por José Murilo de Carvalho) e o da "elite brasiliense".[5] O primeiro grupo era constituído por pessoas que se formaram na Universidade de Coimbra, em Portugal. Elas eram defensoras da manutenção do Reino Unido, tendo muito apego à monarquia, mas se opunham a que o Brasil voltasse à condição política anterior a 1808. Por isso, defendiam a permanência do Rio de Janeiro como um centro de poder. Elas, além disso, entendiam que a soberania era compartilhada entre o monarca e a nação. Já o segundo grupo, o da "elite brasiliense", era formado por pessoas que não estudaram em Coimbra (ou que lá estiveram sem concluírem seus cursos), no geral frequentando instituições de ensino superior no Brasil ou em outros países da Europa (como a França). Os membros desse grupo entendiam que a soberania residia na nação, tinham menos apego à monarquia, desconfiavam do constitucionalismo de D. Pedro e devotavam ódio ao "despotismo colonial". Segundo Lúcia Bastos Pereira das Neves, eles podem ser classificados como os ideólogos do separatismo, da Independência.[6]

Havia, ademais, diferenças regionais importantes: nas províncias da Bahia, do Maranhão, do Piauí e do Pará, sobretudo nas duas últimas, os grupos de elite favoráveis às Cortes de Lisboa eram bem expressivos, havendo, no Norte em geral, um sentimento mais disseminado de repulsa ao governo do Rio de Janeiro. Pessoas pertencentes a grupos sociais de posições inferiores participaram também do processo de independência, particularmente nos embates bélicos e, por vezes, em divergência com as elites, vendo seus interesses serem negligenciados e, até mesmo, perdendo suas vidas. Isso ocorreu, por exemplo, na Província do Pará.

Se a ideia de independência do Brasil, ou de parte dele, tinha poucos adeptos em 1821-1822 e, além disso, comportava sentidos diferentes, na verdade ela vinha de bem antes, como será explicado adiante.

PAIS E FILHOS; COLÔNIAS E METRÓPOLES: A EMANCIPAÇÃO COMO UMA POSSIBILIDADE

As relações entre metrópoles e colônias podem ser comparadas àquelas construídas entre pais e filhos no seio das famílias. É muito frequente vermos os filhos, com o passar dos anos, na medida em que alcançam a maturidade, emanciparem-se de seus pais, alcançando mais autonomia econômica e, até mesmo, indo morar em outro domicílio, principalmente quando se casam. É bem verdade que alguns filhos, porém, não seguem esse modelo, permanecendo atados aos pais até a morte, cultivando sua dependência em relação a eles.

Se olharmos para a história da colonização europeia nas Américas, veremos que o que prevaleceu foi a emancipação das colônias-filhos. As exceções são poucas. Um exemplo é a Guiana Francesa, que até hoje permanece atada à França, sendo um território da União Europeia na América. Outro exemplo interessante é o do Canadá, independente desde 1867, porém tendo o monarca do Reino Unido como seu chefe de Estado, o que configura um laço entre a ex-colônia e sua ex-metrópole. Na segunda metade do século XVIII, em 1776, destaca-se também que as colônias inglesas que formariam o Canadá quase um século depois, ao lado do Québec francês, não quiseram seguir as outras 13 colônias inglesas que deram origem aos Estados Unidos da América.

Tais exemplos não negam que o mais comum nas Américas foi o fato de as colônias se emanciparem das suas mães-pátrias. Depois dos Estados Unidos, o primeiro a conquistar a independência, em 1776, foi o Haiti, em 1804. Em seguida, vieram as colônias da América Espanhola (exceto Cuba, que alcançou sua independência só em 1895) e, apenas mais tarde, em 1822-1823, foi a vez do Brasil.

A outra tendência observada nas Américas foi as colônias de uma mesma metrópole não manterem entre si uma unidade. As colônias da Espanha, depois da independência, ou preservaram as fronteiras que tinham na época colonial, ou se fragmentaram. Na América do Norte, entre as colônias inglesas, como já explicado, a unidade deixou de fora o Canadá. A América francesa manteve sua fragmentação. No caso da América portuguesa, as diversas capitanias – que não tinham maior unidade entre si no período colonial e que, depois de 1808, passaram a ser submetidas ao jugo do Rio de Janeiro –, com a Independência, constituíram um único país, o Brasil. Elas, ademais, incorporaram um território que tinha sido anexado fazia pouco tempo por D. João VI e que era objeto de uma longa disputa com a Espanha: a Província Cisplatina. Anos depois, em 1828, tal província conquistaria sua independência em relação ao Império do Brasil, dando origem ao Uruguai.

Décadas antes dos anos de nossa Independência (1822-1823), o abade Raynal, importante pensador das Luzes, comparou as relações entre metrópoles europeias e colônias com aquelas observadas entre pais e filhos. Ele o fez em sua obra *História filosófica e política dos estabelecimentos e comércio europeus nas duas Índias*, cuja primeira edição saiu em 1770. Em seu volume 5, a obra aborda a colonização portuguesa na América. Em edições posteriores à Independência dos Estados Unidos da América (1776), passou a conter um volume sobre a emancipação norte-americana. Justamente nesse volume, o filósofo francês faz uma comparação entre, de um lado, as metrópoles e os genitores e, de outro, as colônias e os filhos. Segundo Raynal, "há um momento em que a autoridade dos pais e das mães sobre seus filhos acaba, e este momento é aquele em que os filhos podem sustentar-se por si mesmos".[7]

Porém, o que estaria acontecendo na sua época entre metrópoles e colônias era diferente: as metrópoles, que seriam as "pátrias-mães", não estariam cumprindo seus deveres com as "colônias". Longe de encorajar os progressos das "colônias", dos seus filhos, as metrópoles as temeriam, acorrentando seus "braços" e esmagando suas "forças nascentes". Raynal acreditava, porém, que a natureza iria favorecer os propósitos dos filhos-colônias.

Essa situação descrita por Raynal, entre metrópoles e colônias, em que se observam, de um lado, laços fortes e, de outro, amarras, opressões, pode ser vista num pronunciamento sobre o Brasil feito em 18 de abril de 1822 por Nicolau P. de Campos Vergueiro, então deputado pela Província de São Paulo nas Cortes Constituintes de Lisboa, conforme noticiou o *Correio do Rio de Janeiro*, em 26 de julho de 1822. O deputado Campos Vergueiro explicou que o desejo de independência dos "brasilienses" era uma "tendência" que tinha surgido após a Independência dos Estados Unidos. Porém, acrescentou que, com a transferência da família real em 1808, tal desejo retrocedeu, vindo a despertar de novo por causa do "desgoverno da nova Corte" do Rio de Janeiro, ocasionando a Revolução de 1817. Derrotado esse movimento, aquele desejo não se enfraqueceu. Com a eclosão da Revolução Liberal do Porto em 24 de agosto de 1820, que abrira um "caminho mais seguro para a Liberdade", porém, reduziu-se praticamente a nada. Disso tudo, o deputado Nicolau de Campos Vergueiro deduzia que o Brasil ficaria unido a Portugal se este não atentasse contra sua liberdade. Mas, se Portugal tomasse algum "ato de dominação", o Brasil haveria de se separar. Vergueiro via perigos nessa separação, mas entendia que eles não a impediriam: poderiam ocorrer uma rebelião escrava (aqui se pode ver o fantasma da revolução ocorrida no Haiti em 1791) e uma guerra civil. Segundo Campos Vergueiro, enfim, havendo tentativa de dominação do Brasil por parte do Portugal, a Independência ocorreria, "apesar dos Negros" e da possibilidade de uma guerra civil. Nesse pronunciamento do deputado Nicolau de Campos Vergueiro, vê-se as balizas que conduziriam, meses depois, à Independência do Brasil, da forma como ela foi feita: de um lado, uma reação contra o que soou como um desrespeito por parte de Portugal; e, de outro, como um movimento modulado pelos medos de uma insurreição escrava e de uma guerra civil. À época, havia outro medo, que foi lembrado por outras lideranças: o da instalação de uma República (ou várias) no Brasil.

Em 3 de setembro de 1822, o jornal *Revérbero Constitucional Fluminense*, do Rio de Janeiro, fez uma retrospectiva sobre os conflitos entre as Cortes Constituintes de Lisboa e as províncias do Brasil. Como era um periódico fluminense, exprimiu uma perspectiva sobre os fatos correntes nas então chamadas províncias do Sudeste do Reino do Brasil. Primeiramente, afirmou que, em dezembro de 1821, era possível pensar que fosse "suspeita" a compreensão de que as Cortes de Lisboa desejariam "a recolonização do já robusto e emancipado Brasil". Em setembro de 1822, porém, segundo *O Revérbero*, era indubitável aquela sua posição de "prudente desconfiança". Isso porque, então, via-se uma "série não interrompida de fatos contra a nossa pátria", porque as Cortes, "que dizem livrar-nos da *antiga opressão*", manifestam de modo público um "decidido empenho de oprimir-nos". Então, o jornal usou a metáfora da metrópole como "mãe": a mãe-metrópole, na aparência "carinhosa", na verdade, seria enganadora, e seus propósitos, quanto ao filho, ao Brasil, não seriam senão tolhê-lo. Segundo o jornal: "A Mãe carinhosa, que parecia haver estendido os seus braços para nos apertar sobre seu coração cheio de liberal confraternidade, só queria segurar-nos, com afetadas carícias, para melhor dispor de nós, quando fossemos bem tolhidos." A Mãe, acrescentava o jornal fluminense, desde 4 de julho de 1821, tomou providências "diametralmente opostas aos nossos mais caros interesses; seus presentes foram mortíferos; e suas intenções se desmascararam". Rotulando os deputados portugueses nas Cortes como "anti-brasílicos" e acusando-os de terem "planos" encobertos, *O Revérbero*, ademais, fez uma comparação entre os "Povos" e lançou uma questão: os brasílicos seriam mais vagarosos que outros povos, que conquistaram sua independência e, por isso, sendo lentos, estavam sendo abusados pelos deputados portugueses?[8] Por fim, o mesmo jornal declarou que, graças ao "capricho de alguns Deputados nas Cortes de Lisboa", aproximava-se o tempo "em que os Brasileiros, todos, gritaremos unânimes; *temos Pátria, temos Constituição, temos Rei e bastante denodo para defendermos a nossa Liberdade, para conservarmos as nossas Leis e a nossa Política gloriosa Representação Nacional*".

Nos dias 11 e 13 de dezembro de 1821, a *Gazeta do Rio de Janeiro*, por ordem de D. Pedro, publicou "Lembranças e Apontamentos do Governo Provisório para os Senhores Deputados da Província de S. Paulo",[9] documento elaborado pelo governo da mesma província a partir de contribuições de diferentes câmaras municipais e que continha "seus votos a seus deputados" nas Cortes. Em seu início, o documento defende que as Cortes Constituintes deveriam promover a consecução do "projeto de nossa Regeneração Política e recíproca união", que requereria a colaboração do "bom Patriota", "para que os laços indissolúveis, que hão de prender as diferentes partes da Monarquia em ambos os Hemisférios, sejam eternos como esperamos, afiançando, ao Reino Unido, ao do Brasil e às suas respectivas Províncias, os seus competentes direitos e encargos". O documento sugeria três possibilidades quanto a um assunto então polêmico, a localização da sede da Monarquia. A primeira seria que ela ficasse no Reino do Brasil; a segunda, que houvesse alternância de sede num e noutro Reino, conforme a sucessão de reinados; e a terceira, segundo o qual a sede alternaria, dentro de um mesmo reinado, num e noutro Reino. Os apontamentos deixam entender que essa última seria a melhor opção, pois satisfaria a saudade que os súditos teriam do soberano, aproximando deles, assim, este último. O documento propõe ainda a criação de um conselho de Estado, com igual número de membros para o Reino de Portugal e os Estados Ultramarinos, e a existência um governo central no Brasil, ao qual estariam submetidos todos os governos provinciais. Estabelece que, quando a sede da Monarquia e das Cortes não estivesse no Brasil, a regência deste Reino deveria ser presidida pelo "Príncipe Hereditário da Coroa".

As Cortes, ao redigirem o Código Civil e Criminal, ainda, precisaram estabelecer diferenças entre os dois lados do Atlântico, considerando "a diversidade de circunstâncias do clima e estado da Povoação, composta no Brasil de classes de diversas cores e de pessoas, umas livres e outras escravas, pois estas considerações e circunstâncias exigem uma Legislação Civil particular". Tal proposta ecoava princípios de Montesquieu sobre o "espírito das leis" e visava resolver o problema do Brasil, em que imperava a escravidão. Defendia a criação de colégios e, também, a instalação de uma universidade na cidade de São Paulo. Por fim, devem ser citadas duas propostas, que surpreendem por sua atualidade. A primeira delas concernia à edificação de uma nova cidade "para assento da Corte ou da Regência", em área central do Brasil. Já a outra era de uma espécie de reforma agrária, prevendo-se, de um lado, o controle da propriedade da terra (que, à época, para ser legal dependia de uma concessão feita, em última instância, pelo rei, chamada sesmaria), de sorte a exigir que fossem produtivas e, ainda, a angariar recursos para favorecer a "colonização de europeus pobres, índios, mulatos e negros forros, a quem se dará de Sesmaria pequenas porções de terreno para o cultivarem e se estabelecerem".

Malgrado todos esses discursos em prol de uma unidade "eterna" do Reino Unido de Portugal, Brasil e Algarves, entre dezembro de 1821 e meados do segundo semestre de 1822, ganhou paulatinamente corpo a ideia de Independência do Brasil. A separação entre Pátria-Mãe, a metrópole, e o Filho, o Brasil (à época já não tão colônia, uma vez que era Reino Unido a Portugal e Algarves, fora sede da Corte e, ainda, gozava da liberdade de comércio desde 1808), passou a ser claramente advogada.

INDEPENDÊNCIA, EMANCIPAÇÃO OU DEIXAR DE SER PORTUGUÊS: DIFICULDADE DAS ELITES

A emancipação dos filhos em relação aos pais não é algo simples, muito menos fácil. Emancipação envolve maior autonomia dos filhos (e das colônias) em relação aos pais (metrópoles). Não elimina a preservação de algum tipo de laço entre as duas partes. Já independência envolve uma autonomia muito maior e laços bem diminutos entre as partes. Implica também uma certa consciência de si próprios por parte dos filhos. Para o caso da emancipação de filhos diferentes dos mesmos genitores dar-se numa mesma época e mantendo-se a unidade entre eles, é preciso que essa consciência seja compartilhada por uns e outros.

Os termos utilizados pelos habitantes do Brasil, ao se referirem a si mesmos – que vimos até aqui, neste capítulo –, mostram que essa identidade comum era ainda frágil entre as partes, os vários "filhos", tanto assim que eles ora se diziam "brasileiros", ora "brasílicos", ora "brasilienses". Era frequente também o uso de "portugueses da América" ou "americanos": os habitantes do Brasil, principalmente os brancos, viam-se como "portugueses", como um subgrupo dentro desse grupo maior, tal como sucede hoje, por exemplo, da parte dos "fluminenses" ou dos "paraenses" com relação aos "brasileiros". Por isso, é mais cabível falar em

"Emancipação", em vez de "Independência". Justificam a opção também as ideias dos principais atores políticos da época, membros das nossas elites, brancas e escravocratas, e, igualmente, os resultados do processo de ruptura entre Brasil e Portugal. Para os membros de nossas elites, foi doloroso deixar de verem-se como "portugueses". Essa dificuldade de romper com a identidade portuguesa nascia do fato de boa parte da população brasileira ser constituída por escravos africanos e seus descendentes. Tratava-se de desigualdade e de conflitos extremos, que dificultavam a identificação das elites com as gentes que elas próprias oprimiam.

O pronunciamento de Nicolau de Campos Vergueiro, de inícios de maio de 1822, comentado anteriormente, comprova tudo isso: *a Independência seria cogitável apenas diante de um "abuso" por parte de Portugal e apesar dos perigos de insurreição escrava e de uma "guerra civil"* (portanto, uma luta no interior de um mesmo grupo). Mais fortes que a ideia de independência eram: de um lado, a condenação do passado colonial como época de um "Sistema Colonial" opressor e, de outro, a defesa de uma ordem política regida por uma Constituição. Isso implicava o princípio de que o Brasil e nenhuma de suas províncias pudessem ser tratados como colônias por Portugal.

Após a Revolução Liberal do Porto de 1820, enquanto os fantasmas relativos ao "Sistema Colonial" e as linhas da nova Constituição permaneceram obscuros, houve uma defesa inequívoca e enfática da unidade dos dois Reinos, dos dois lados do Atlântico, os dois "Hemisférios". Em Portugal, Francisco Muniz Tavares, deputado eleito por Pernambuco às Cortes de Lisboa, clérigo que se envolvera na Revolução em 1817, ao tomar posse em 29 de agosto de 1821, declarou que os habitantes de Pernambuco e de todo o Brasil não desejavam a independência, mas apenas ter os mesmos benefícios desfrutados pelos habitantes de Portugal. Domingos Malaquias de Aguiar Pires Ferreira, também deputado da mesma província, em 7 de dezembro de 1821, declarou que Pernambuco jamais deixaria de ser unido a Portugal. No mesmo dia, Francisco Vilela Barbosa, membro da deputação fluminense, futuro Marquês de Paranaguá, pronunciou-se muito mais veementemente a favor da união:

> Se acaso os meus patrícios se esquecendo do que devem à mãe-pátria, onde têm seus pais, seus parentes e seus libertadores, quebrassem o juramento que deram..., eu seria o primeiro a requerer contra eles como perjuros, e embarcar, sendo preciso, para ir obrigá-los a entrar nos seus primeiros deveres.[10]

Em março de 1822, Domingos Borges de Barros, deputado pela Bahia, por sua vez, viria a afirmar: "O Brasil não quer a independência de que sempre se anda falando, mas sim a independência na igualdade e reciprocidade de direitos, e com ela e só com ela *quer e há de ser português, como convém a toda nação*."[11] Por fim, já em 5 de novembro de 1822, quando a independência era uma realidade em construção, Antônio Carlos Ribeiro de Andrada e Silva, deputado por São Paulo, registrou que, cerca de um ano antes, quando passara pelo Rio de Janeiro, ninguém pensava em independência. Com isso, refutou que conspirara para tanto naquela altura. Acrescentou que, para alterar esse pensamento, "foi mister toda a cegueira, precipitação e despejado anseio de planos de escravização [executado pelas Cortes Constituintes de Lisboa], para acordar do sono de fé o amadornado *Brasil e fazê-lo encarar a Independência como o único antídoto contra a violência portuguesa*".[12]

Se esses pronunciamentos demarcam o que se passava na Europa entre as lideranças do Brasil, cá, no outro hemisfério, movimento similar aconteceu: isto é, da ênfase à unidade com Portugal, com base nos princípios da igualdade e do constitucionalismo, passou-se à defesa da independência, como remédio contra a "opressão" protagonizada pelas Cortes de Lisboa e, de resto, por Portugal.

Em outubro de 1821, alguns indivíduos já postulavam a Independência, mas não havia grande adesão a ela, pois muitos outros a refutavam, em diversas partes do Brasil. Assim, em 15 de outubro de 1821, uma pessoa que usou a sigla J. J. V. S. para se identificar em correspondência publicada no *Revérbero Constitucional Fluminense*, após declarar-se "Cidadão fiel", "amigo do Rei e da Pátria", rechaçou rumores, em circulação, "de uma desmembração da Monarquia debaixo do título aliciador de 'Império do Brasil'". Embora defendesse que tal rumor fosse injurioso aos seus "Concidadãos" fluminenses, reconhecia haver, entre alguns destes últimos, "inovadores turbulentos", com projetos no sentido daquela desmembração. Em contraposição, o missivista dizia que os fluminenses permaneciam "firmes na adesão à Mãe-Pátria, inabaláveis no seu juramento e imudáveis na resolução de não retrogradar jamais, nem jamais ter os pulsos aos antigos ferros".[13]

A partir de dezembro de 1821, porém, a ideia de ruptura avançou, não no mesmo tempo e com igual intensidade em todas as partes do Reino do Brasil. Coube destaque às províncias do Rio de Janeiro, São Paulo e Minas Gerais, com apoios, ainda, no Rio Grande do Sul. Houve províncias que resistiram bastante à ideia, como foram os casos do Pará e do Maranhão, ou onde houve a necessidade de uma luta encarniçada contra tropas portuguesas, caso da Bahia.

Na Bahia, por sinal, em 3 de abril de 1822, o jornal *Diario Constitucional* registrou o embate que então se dava e que culminaria na defesa da Independência. Na ocasião, o jornal, com efeito, refutou-a, fazendo uma argumentação muito parecida com a do deputado Nicolau de Campos Vergueiro. Afirmou que:

> o Partido de Independência não existe; o que existe é desejo de sermos todos bem governados; o que jamais poderemos conseguir enquanto dermos ouvidos a satélites do servilismo, que pretendem ver de novo plantado no Brasil o ruinoso e amaldiçoado sistema colonial; mas que hão de ser confundidos em seus planos pelos Pais da Pátria, ora reunidos em Lisboa, não para forjar cadeias, mas para quebrá-las.

Além disso, no mesmo texto, o *Diario Constitucional* questionou o que as Cortes poderiam fazer caso o Brasil abraçasse a ideia de

Independência, mencionando o uso de forças militares não pedidas pelos baianos e de insultos que mexiam com aquela questão identitária explicada anteriormente:

> quais deverão ser os meios de o chamar a reconciliação? Os da força, conquistando o Brasil? Serão meios próprios esses, de que se tem lançado mão, nesta Cidade, *insultando os Brasileiros; chamando-os oriundos da Costa d'África, chamando-os macacos*; requerendo que saltassem tropas não vindas para aqui e requeridas facciosamente sem consulta da Província; e mesmo contra a sua vontade, por milhares de modos declarada?[14]

O *Diario Constitucional*, portanto, percebia a guerra que se anunciava e como os portugueses da Europa manipulavam os conflitos identitários dos portugueses do Brasil, a sua recusa de serem confundidos com os negros.

"RETROGRADAR, JAMAIS; NEM JAMAIS TER OS PULSOS AOS ANTIGOS FERROS"

Em texto aqui já citado, publicado pelo *Revérbero Constitucional Fluminense* em 3 de setembro de 1822, há a transcrição de um pronunciamento feito em data anterior por Nicolau de Campos Vergueiro, deputado por São Paulo, em que explica a virada de ânimos em prol da independência. O deputado fez referência a documentos das Cortes Constituintes datados de 29 de setembro de 1821 e de outubro do mesmo ano. Segundo ele, ocorreu um "grito geral de algumas Províncias do Brasil contra os Decretos das Cortes sobre a organização dos Governos das Províncias, regresso do Príncipe Real [D. Pedro] e extinção dos Tribunais" superiores estabelecidos no Rio de Janeiro por D. João, em 1808. Tal grito teria soado "no Rio do Janeiro à chegada dos dois primeiros Decretos, passou com os mesmos a S. Paulo, a Minas Gerais e S. Pedro do [Rio Grande do] Sul, e foi depois aplaudido em Pernambuco".[15] O clamor, aduzia o deputado, fazia lembrar "com horror o antigo despotismo europeu" e temer "cair outra vez debaixo dele", retroagindo-se o Brasil ao "antigo estado de colônia".[16] Isso "trouxe à imaginação todos os horrores ao antigo despotismo e a consequente aversão ao governo português", ainda que os "Brasileiros" amassem "seus irmãos da Europa", o que não lhes impedia de odiar a "dominação europeia e a todos que pretenderem sustentá-la".[17]

De fato, em 29 de setembro de 1821, as Cortes, por meio dos decretos 124 e 125, ordenaram a volta de D. Pedro, então regente do Reino do Brasil, para Lisboa e, ainda, a nomeação de comandantes de armas para cada uma das províncias brasileiras, ferindo a autonomia destas. Em setembro e em outubro de 1821, discutiram o fechamento dos tribunais superiores criados no Rio de Janeiro em 1808 por D. João, questão que teve seu epílogo com a resolução de 21 de dezembro de 1821 e com o decreto de 13 de janeiro de 1822, que fecharam, respectivamente, tribunais superiores e a Casa de Suplicação do Rio de Janeiro. Ordenaram, em datas diferenciadas, o envio de tropas para o Rio de Janeiro, a Bahia e Pernambuco, visando conter possibilidades de rebelião e/ou de independência. Com tudo isso, as Cortes enfraqueceram D. Pedro, as províncias, principalmente as do Sudeste, e o governo do Rio de Janeiro: o poder ficaria em Lisboa! As Cortes, além disso, discutiam medidas comerciais que prejudicariam o Brasil e beneficiariam Portugal.

As discussões, decretos e resoluções das Cortes de Lisboa de fins de 1821, primeiramente, levaram ao chamado Dia do Fico. Em 9 de janeiro de 1822, em sessão do Senado da Câmara do Rio de Janeiro, D. Pedro manifestou sua decisão de cá permanecer, refutando a pressão das Cortes para que retornasse a Portugal. Para chegar a essa decisão, o príncipe regente venceu suas hesitações anteriores e atendeu a manifestações de instituições e grupos do Rio de Janeiro, de São Paulo, de Pernambuco e do Rio Grande do Sul. O "Povo do Rio de Janeiro", por exemplo, em seu Manifesto sobre a "residência de Sua Alteza Real" D. Pedro nessa cidade, em 29 de dezembro de 1821, ameaçou: "o Navio que reconduzir Sua Alteza Real" a Lisboa "aparecerá sobre o Tejo com o Pavilhão da Independência do Brasil". Em 8 de janeiro de 1822, o *Revérbero Constitucional* publicou um texto em defesa do Reino Unido, mas que seguia aquele princípio de que sua manutenção exigia paridade entre Portugal e Brasil. No texto, reconheceu-se o "estado de Colônia a que Portugal em realidade se achava reduzido" e como foi custosa e exaustiva, até 1821, aos vassalos portugueses na Europa, a situação de ter a justiça à "distância de duas mil léguas", mesmo estando "com todos os Tribunais em exercício" e uma "Regência de amplíssimos poderes". Afirmou-se, entretanto, que este estado de colônia também não seria agradável ao Brasil, aos "habitantes das províncias marítimas" e muito menos aos que vivessem nos extremos "deste Reino". As "paixões" e ambições dos homens, dos altos funcionários da Monarquia, seriam um obstáculo a que os anseios dos vassalos chegassem ao trono. Além disso, ecoando máximas do pensamento ilustrado, o texto defendeu a necessidade de promover-se a felicidade do homem, a felicidade dos Reinos do Brasil e de Portugal e, com isso, o bom funcionamento da monarquia, como bases do Reino Unido. Para tanto, seria preciso haver proximidade entre os vassalos e "o centro" do poder: ou seja, o centro do poder não poderia estar unicamente em Portugal. Além disso, trazendo ideias inspiradas em Montesquieu, o texto afirmou que o Brasil precisaria "de uma legislação também diferente", proposta por pessoas que tivessem dele "pleno conhecimento" e que considerassem as suas especificidades, pois "o clima, as produções, alimentos, as [...] qualidades físicas e morais" dos seus habitantes, seriam diferentes das de Portugal.[18]

Nas entrelinhas dessas afirmações, pode-se pensar que havia uma realidade bem palpável no Brasil e que o diferenciava de Portugal: a imensa massa de escravos, uma situação que requereria leis diferentes. Tratava-se de um diagnóstico bem parecido com o feito pelo governo de São Paulo (diagnóstico similar, aliás, a outros feitos por deputados de Portugal nas Cortes).

Na sessão da Câmara do Rio de Janeiro ocorrida no dia 9 de janeiro, seu Presidente, José Clemente Pereira, fez uma rememoração histórica e redobrou a aposta nas ameaças às Cortes Constituintes de Lisboa. Primeiramente, lembrou as liberdades conquistadas pelo Brasil em 1808, 1815 e 1821 e, ainda, fez menções ao "despotismo" e à "escravidão", respectivamente, sinônimos de absolutismo e metáfora de sujeição colonial. Além disso, afirmou que os "brasileiros" ficaram desconfiados com as Cortes de Lisboa, pois elas começaram a deliberar sobre temas relativos ao Brasil sem a participação de todos os deputados eleitos; reorganizaram a administração das províncias, prejudicando sua autonomia com a criação do cargo de governador de armas, submetidos unicamente ao governo do reino; ordenaram o retorno de D. Pedro a Portugal, tendo em vista "roubar ao Brasil o centro de sua unidade política [(isto é, o governo do Rio de Janeiro)], única garantia de sua Liberdade e Ventura"; e fizeram a "moção da extinção dos Tribunais" do Reino do Brasil. Segundo José Clemente, essa última medida suscitou entre o "Povo Constitucional" a desconfiança de que Portugal aspirava "reedificar o império de sua superioridade antiga, impondo-lhe a antiga Lei da dependência e arrogando-se todas as prerrogativas da Mãe". Desse modo, Portugal, a Mãe, agia "como se durasse ainda o tempo de sua curatela extinta, sem se lembrar que este filho", o Brasil, "emancipado já, não pode ser privado com justiça da posse de direitos e prerrogativas que, por legítima partilha, lhe pertencem".[19] Visando à persuasão do príncipe regente a cá permanecer, José Clemente lembrou-o das ameaças que rondavam seu próprio poder e a monarquia portuguesa, evocando a Revolução de 1817, as desobediências dos governos provisórios das Juntas das Províncias de Minas Gerais e do Rio Grande do Sul ao seu governo como regente do Reino do Brasil. Ressaltou que o republicanismo se fazia presente, seja pela sobrevivência das cabeças da Revolução de 1817, seja pela existência de adeptos dessa forma de governo até mesmo no Rio de Janeiro. Convergindo com José Clemente Pereira, na mesma ocasião, pernambucanos estabelecidos no Rio de Janeiro saíram em defesa da permanência dessa cidade como centro administrativo e, ainda, da monarquia, insinuando que o Brasil, "este Grande tudo", "reduzido a pequenas frações" (isto é, fragmentando-se politicamente), ficaria "menor" e não estaria adequado com "o plano da prosperidade e da grandeza da nação".

Dias depois, em 26 de janeiro de 1822, José Bonifácio de Andrada e Silva e outras lideranças de São Paulo, falando em nome "do governo, Câmara, clero e povo de S. Paulo", dirigiram críticas às Cortes de Lisboa. Primeiramente, salientaram o entusiasmo gerado em São Paulo com a Revolução Liberal do Porto, com o movimento de "regeneração política do vasto império lusitano", em congruência com os "seus irmãos da Europa". Acrescentaram, porém, que essa reação inicial deu lugar ao desapontamento, com os Decretos 124 e 125, de 29 de setembro de 1821, das Cortes Constituintes de Lisboa, denunciando que eles estariam em desacordo com as Bases da Constituição e com decisões anteriormente aprovadas pelo mesmo órgão. Disseram que, em São Paulo, o Decreto 124, que reorganizava a administração das províncias, era considerado inconstitucional e que conduziria ao renascimento do despotismo; a "falta de um Tribunal Supremo de Justiça" no Brasil, com a "premeditada extinção de todos os tribunais do Rio de Janeiro", inclusive, tornaria a justiça mais distante dos súditos do Brasil, uma vez que ficariam sujeitos aos tribunais superiores "de Lisboa".

Os signatários do documento afirmaram que o Decreto 124 não visaria senão desmembrar o Brasil "em porções desatadas e rivais" e reforçaram que os habitantes de Portugal eram egoístas ao não querer compartilhar com os do Brasil a sede da monarquia. Defenderam, em contraposição, que este último tivesse um "representante do Poder Executivo". Reuniram argumentos históricos para evidenciar que a existência de um poder compartilhado seria algo possível. Assim, mencionaram as promessas de Felipe II, rei da Espanha, em 1580, quando da União Ibérica, no sentido de residir em Portugal "o mais largo tempo possível"; a situação da Irlanda, em relação à Grã-Bretanha, tendo "um governo central com todas as atribuições do Poder Executivo"; e, ainda, os exemplos dos Reinos de Hanover, Boêmia e Hungria. Por fim, alertaram que, caso D. Pedro sustentasse as posições das Cortes de Lisboa, do que eles tinham dúvida, viria a ser o responsável pelo fato de "os portugueses do Brasil" ensoparem "nossos campos e montanhas" com "rios de sangue", concorrendo para tanto as províncias de São Paulo, Minas Gerais, Rio Grande do Sul, Goiás e Mato Grosso.

Outro marco importante da exaltação de ânimos entre o Reino do Brasil e Portugal, datado de 16 de fevereiro de 1822, foi o decreto de criação do Conselho de Procuradores das Províncias por D. Pedro, como príncipe regente. Tal Conselho foi criado para prestar aconselhamento ao príncipe, examinar reformas de interesse do Reino Unido e zelar para o bem e prosperidade do Brasil. Sua criação significou uma reação às Cortes Constituintes de Lisboa, na medida em que instituía um órgão de poder não previsto por elas e que poderia fazer-lhes contraposição.

D. Pedro, em seu embate com as Cortes Constituintes e, até mesmo com Juntas Provisórias que lhe eram pouco simpáticas, procurou apoio nas câmaras das vilas e cidades. Para dobrar a Junta Provisória de Minas Gerais, procurou conquistar o apoio das câmaras da província, realizando uma viagem à província entre 25 de março e 25 de abril de 1822. Saiu-se vitorioso do confronto político, retornando ao Rio de Janeiro mais fortalecido. O apoio das câmaras de outras partes do Brasil, ademais, ocorreu de forma progressiva, entre 1822 e 1823.

Mais importante que essa decisão, com certeza, foi a convocação de uma Assembleia Constituinte brasileira, em 3 de junho de 1822, por D. Pedro, teoricamente para compatibilizar a nova Constituição em elaboração em Portugal com as necessidades do Brasil. Todavia, ela representava um claro desafio às Cortes de Lisboa, uma vez que instituía um órgão com as mesmas funções só para o Reino do Brasil.

Outro momento de aumento da animosidade foi definido pelo "Manifesto de S. A. R. O Príncipe Regente Constitucional e Defensor Perpétuo do Reino do Brasil aos Povos deste Reino, 1º de agosto de 1822", foi publicado no *Diário do Rio de Janeiro* dias depois, em que se mencionou o anseio de independência e se exprimiu a liderança do próprio Príncipe no processo. O texto foi redigido pelo jornalista Joaquim Gonçalves Ledo, contando com o endosso de d. Pedro, que, no entanto, meses depois, perseguiria o redator e outras pessoas de perfil mais combativo envolvidas na Independência. O Manifesto é dirigido aos "brasileiros", aos "povos" e "habitantes do Brasil". O autor cita os "ilustres baianos", os "valentes mineiros", os "intrépidos Pernambucanos", os "Habitantes do Ceará, do Maranhão e do riquíssimo Pará". Fala de um horizonte geográfico que vai do Amazonas ao rio da Prata (este último era mencionado por causa da Província Cisplatina). Nesse momento, as elites do Sudeste do Brasil estavam mais alinhadas com a alternativa de promover uma ruptura, a emancipação política brasileira, pondo fim ao Reino Unido. No Manifesto, o Príncipe Regente adjetivava-se como "Constitucional". Ele se dizia também "Defensor Perpétuo do Brasil" e dos povos que nele habitavam. Com isso, rompia com o nosso passado de monarquia absolutista e de mais de três séculos de colonização em que a ideia de "Brasil" como unidade era quase uma ficção. Em 1821-1822, repita-se, as Cortes Constituintes de Lisboa se voltavam contra essa posição adquirida pelo Brasil. O Príncipe, no Manifesto, expressou igualmente uma série de ideias inspiradas no pensamento das Luzes. D. Pedro dizia "estar acabado o tempo de enganar os homens". Afirmava opor-se aos governos que exploravam a "ignorância dos povos", fundados em antigos erros e abusos. Defendeu os direitos dos povos à liberdade e à felicidade. Quase se assumindo como Imperador, D. Pedro expôs, de modo sutil, as articulações que estava protagonizando. Ele destacou a centralidade das "Províncias Meridionais" do Brasil no movimento da Independência, informando que elas se coligaram e buscaram nele um apoio para seus anseios, enxergando em sua pessoa "O Filho do Rei e seu Amigo". Explicou, ainda, que os "Brasileiros" moveram-se inicialmente pelo entusiasmo com a Revolução do Porto de 1820 e com as Cortes, mas que estas queriam tiranizá-los. Ao fazê-lo, as Cortes feriam os próprios princípios da Revolução de Portugal "e o direito de mudar as suas instituições políticas, sem destruir essas bases [(isto é, princípios)], que estabeleceram seus novos direitos nos direitos inalienáveis dos povos, sem atropelar a marcha da razão e da justiça, que derivam suas leis da mesma natureza das coisas e nunca dos caprichos particulares dos homens".

No mesmo Manifesto, veem-se outros traços do projeto de emancipação política de D. Pedro e de setores de nossas elites. Ele se mostra antirrepublicano e temeroso em relação ao sucedido na América espanhola, que se fragmentara em repúblicas, uma espécie de lugar-comum à época, defendendo a preservação da ordem, monárquica e a opondo-se à anarquia e, igualmente, à democracia. A Independência, portanto, nas palavras e na compreensão de D. Pedro registradas em seu Manifesto, nascia claramente oposta à república e à democracia, e propunha-se a manter a unidade do Reino do Brasil.

Nos inícios de setembro de 1822, era forte o apoio de grupos do Sudeste à separação entre Brasil e Portugal. O governo de D. Pedro tinha tomado medidas para concretizá-la, como missões para contratar mercenários europeus para a guerra que estava à vista. Mas nessa época, a Independência não era uma unanimidade, especialmente nas províncias do então Norte. Em 7 de setembro, D. Pedro, vindo de Santos, em São Paulo, montado numa mula e com problemas intestinais, recebeu notícias vindas do Rio de Janeiro e de Lisboa. Fez, então, o famoso brado, às margens do Ipiranga: "Independência ou Morte!". À época, ninguém deu muita importância ao Grito. A decisão parecia já estar tomada por D. Pedro e pelos grupos que o apoiavam. Com certeza, a essa época, D. Pedro tinha em mente solucionar um perigo imediato, que era a perda do controle sobre o Brasil por sua família, a família de Bragança. Queria, também, contrapor-se à ideia de que a nação era detentora única da soberania e firmar o seu próprio poder, ameaçado pelas Cortes Constituintes de Lisboa. Desdobramentos posteriores selaram a decisão pela emancipação política do Brasil, fosse por parte de D. Pedro, fosse por seus apoiadores: a aclamação e a coroação de D. Pedro I como Imperador do Brasil, acontecidas em 12 de outubro de 1822, no Campo de Santana (atualmente, Praça da República) e em 1º de dezembro de 1822. A data da aclamação, não por coincidência, era o aniversário do novo imperador. Essa data foi, até fins do reinado de D. Pedro, cultuada como a da de nossa Independência.

Esta, porém, teve de aguardar lutas nas províncias para ser firmada. O governo do Rio de Janeiro conseguiu vencê-las. Os movimentos das tropas, contra e a favor das Cortes Constituintes de Lisboa e, depois, contra e a favor da Independência foram o ponto alto das tensões entre Brasil e Portugal, como se poderá ver, neste livro, no capítulo sobre a guerra de Independência. No Rio de Janeiro, entre janeiro e fevereiro de 1822, após a decisão de D. Pedro de permanecer no Brasil, os conflitos principiaram, sem, entretanto, haver enfrentamentos bélicos. Na Bahia, os embates militares não foram evitados e, com o passar dos meses, viraram uma guerra. Tropas comandadas por outros mercenários estrangeiros venceram as resistências à Independência também no Pará e no Maranhão. No geral, a grande exceção foi a Província Cisplatina, que, anos mais tarde, conquistou sua própria independência, dando origem ao Uruguai. No Pará, na visão de setores populares, a adesão à Independência "representaria apenas uma mudança de controle político na Província": ele sairia das mãos da elite portuguesa para aquela formada por nascidos na colônia, os "brasileiros".

CONSIDERAÇÕES FINAIS

A Independência do Brasil, como se vê, esteve bem longe de ser como está representada no quadro de Pedro Américo e no filme de Carlos Coimbra. Ela não foi decidida em 7 de setembro de 1822, muito menos transcorreu de forma tão majestosa como vemos no filme e no quadro.

D. Pedro, de fato, teve certo protagonismo no movimento. Não porque fosse um entusiasta da causa da Independência do Brasil, mas por visar seus interesses dinásticos e à manutenção de uma ordem monárquica, em que a soberania fosse compartilhada entre a nação e o rei. Os grupos de elite, marcadamente do Sudeste, tiveram a primazia no movimento, agindo em defesa de seus privilégios e de seus interesses, sendo explícitos em relação às suas preocupações com os escravos e à manutenção do Rio de Janeiro como centro de poder.

Na linguagem erudita da época, presente em livros e nos discursos de líderes políticos, as relações entre metrópoles e colônias eram similares às travadas entre pais e filhos. Isso valeu entre Portugal e Brasil. Para as elites do Brasil, a relação umbilical com Portugal também passava por uma questão de identidade social: era-lhes difícil renunciar à identidade portuguesa e, igualmente, ver-se como partícipes de uma sociedade composta por pessoas de cores e estados sociais diferentes. Essa situação de desigualdade, inclusive, foi enunciada por importantes líderes, que entendiam dever existir leis que a mantivessem na nova ordem constitucional.

São Paulo teve um papel de destaque no processo. Com certeza, isso se deveu à liderança exercida por José Bonifácio de Andrada e Silva, ao qual se somaram seus irmãos, Antônio Carlos Ribeiro de Andrada e Martim Francisco. Partiram de São Paulo propostas verdadeiramente ousadas quanto à nova ordem constitucional, sonhada a partir da Revolução Liberal do Porto de 24 de agosto de 1820. Coube, porém, um lugar de maior destaque ao Rio de Janeiro. Minas Gerais teve um papel menor que o dessas duas províncias. As províncias do Norte acompanharam o movimento, persuadidas pelas ideias e também pela força das armas (em alguns casos, como o do Pará e o do Maranhão, mais pelas últimas). Foram envolvidas pela campanha segundo a qual as Cortes Constituintes de Lisboa não tratavam o Brasil com equidade, querendo até mesmo recolonizá-lo (o que não corresponde exatamente à verdade). Em algumas localidades, a Independência implicou guerras e mortes. Nas lutas, apareceram reivindicações que ultrapassaram os limites do projeto arquitetado por D. Pedro e pelas elites do Sudeste.

A Independência do Brasil, como a definiu D. Pedro, tinha como inimigos o despotismo colonial, mas também a República e a Democracia. Ela se tornou um projeto vitorioso e, ao contrário do que sustenta a epígrafe deste capítulo, não foi obra de absolutistas nem algo inexequível: usada como fantasma por seus adversários, ela se concretizou nos idos de 1822-1823. A unidade das províncias duraria algumas décadas para se firmar, enquanto a formação de uma nação brasileira, não limitada às elites e às camadas senhoriais, foi obra de muito mais tempo.

Notas

[1] DIAS, Maria Odila Leite da Silva. *A interiorização da metrópole* (1808-1853). In: MOTA, Carlos Guilherme (org.). *1822*: Dimensões. São Paulo: Perspectiva, 1972, pp. 160-184.
[2] NEVES, Lúcia Maria Bastos Pereira Das. *Corcundas e Constitucionais*: a cultura política da independência (1820-1822). Rio de Janeiro: Revan/Faperj, 2003.
[3] *Diario das Cortes Gerais e Extraordinarias da Nação portuguesa*, 4 de julho de 1821, p. 1456.
[4] *Diario das Cortes Gerais e Extraordinarias da Nação portuguesa*, 9 de julho de 1821, p. 1474.
[5] CARVALHO, José Murilo de. *A construção da ordem*: a elite política imperial. Teatro de sombras: a política imperial. 8. ed. Rio de Janeiro: Civilização Brasileira, 2013.
[6] NEVES, Lúcia Maria Bastos Pereira Das. *Corcundas e Constitucionais*: a cultura política da independência (1820-1822). Rio de Janeiro: Revan/Faperj, 2003.
[7] RAYNAL, Guillaume. Thomas François. *A Revolução na América*. Trad. Regina Clara Simões Lopes; Pref. Luciano Raposo de Almeida Figueiredo. Rio de Janeiro: Arquivo Nacional, 1993, p. 81.
[8] *Revérbero Constitucional Fluminense*. Rio de Janeiro, 03/09/1822, p. 181-182. Disponível em: <http://memoria.bn.br/docreader/700223/550> e <http://memoria.bn.br/docreader/700223/551>. Acesso em: 21 abr. 2022.

[9] *Gazeta do Rio de Janeiro*, 11 de dezembro de 1821, n. 122, p. 5-6. Disponível em: <http://memoria.bn.br/docreader/749664/6894>; e *Gazeta do Rio de Janeiro*, 13 de dezembro de 1821, n. 123, p. 3-5. Disponível em: <http://memoria.bn.br/docreader/749664/6903>. Acesso em: 21 abr. 2022.

[10] MONTEIRO, Tobias. *História do Império*: a elaboração da Independência. Belo Horizonte: Itatiaia; São Paulo: Edusp, 1981, vol. 1, p. 390.

[11] TAVARES, Luiz Henrique Dias. A Independência como decisão da unidade do Brasil. *Revista Brasileira de Cultura*, Brasília, DF, n. 17, p. 89-96, jul./set. 1973, p. 72, destaques meus.

[12] MONTEIRO, Tobias. *História do Império*: a elaboração da Independência. Belo Horizonte: Itatiaia; São Paulo: Edusp, 1981, vol. 1, p. 391, destaques meus.

[13] *Revérbero Constitucional Fluminense*. Rio de Janeiro, 15/10/1821. Disponível em: <http://memoria.bn.br/DocReader/700223/38> e <http://memoria.bn.br/DocReader/700223/39>. Acesso em: 21 abr. 2022.

[14] *Diario Constitucional*. 3 abr. 1822, n. 37. Disponível em: < http://memoria.bn.br/docreader/docreader.aspx?bib=749648&pasta=ano%20182&pesq&pagfis=148>. Acesso em: 10 maio 2022.

[15] *Revérbero Constitucional Fluminense*, 03/09/1822. Rio de Janeiro, p. 184. Disponível em: <http://memoria.bn.br/docreader/700223/553>. Acesso em: 21 abr. 2022.

[16] *Revérbero Constitucional Fluminense*, 03/09/1822. Rio de Janeiro, p. 186. Disponível em: <http://memoria.bn.br/docreader/700223/555>. Acesso em: 21 abr. 2022.

[17] *Revérbero Constitucional Fluminense*, 03/09/1822. Rio de Janeiro, p. 187. Disponível em: <http://memoria.bn.br/docreader/700223/556>. Acesso em: 21 abr. 2022.

[18] *Revérbero Constitucional Fluminense*. Rio de Janeiro, 1821-1822. Disponível em: <http://memoria.bn.br/docreader/700223/0>. Acesso em: 22 fev. 2022.

[19] *Cartas...*, 1822, p. 24; *O Conciliador do Maranhão*, São Luís, 01/05/1822, p. 2. Disponível em: <http://memoria.bn.br/DocReader/749524/359>; <http://memoria.bn.br/DocReader/749524/192>. Acesso em: 22 fev. 2022.

Bibliografia

CARTAS e mais peças dirigidas a sua Magestade o Senhor D. João VI pelo Principe Real o Senhor D. Pedro de Alcantara: e junctamente os officios e documentos, Que o General Comandante da Tropa expedicionária existente na Província do Rio de Janeiro tinha dirigido Governo. Lisboa: Imprensa Nacional, 1822.

CARVALHO, José Murilo de. *A construção da ordem*: a elite política imperial. Teatro de sombras: a política imperial. 8. ed. Rio de Janeiro: Civilização Brasileira, 2013.

CORREIO DO RIO DE JANEIRO. Rio de Janeiro, 1822.

DIAS, Maria Odila Leite da Silva. A *interiorização da metrópole* (1808-1853). In: MOTA, Carlos Guilherme (org.). *1822:* Dimensões. São Paulo: Perspectiva, 1972, pp. 160-184.

DIARIO CONSTITUCIONAL. Bahia, 1822.

DIARIO DAS CORTES GERAIS E EXTRAORDINARIAS DA NAÇÃO PORTUGUESA. Lisboa, 1821-1822.

DIARIO DO RIO DE JANEIRO. Rio de Janeiro, 1822.

DICIONÁRIO CARCUNDATICO OU EXPLICAÇÃO DAS PHRASES DOS CARCUNDAS. Rio de Janeiro: Impressão Régia, 1821.

GAZETA DO RIO DE JANEIRO. Rio de Janeiro, 1822.

GAZETA EXTRAORDINARIA DO RIO DE JANEIRO. Rio de Janeiro, 1822.

LIMA, Oliveira. *O movimento da Independência, 1821-1822.* 6. ed. Rio de Janeiro: Topbooks, 1997.

LISBOA, José da Silva. *História dos Principaes Successos Politicos do Imperio do Brasil dedicada ao Senhor D. Pedro I*. Rio de Janeiro: Typographia Imperial e Nacional, 1826, t. X.

MELO, Wilverson Rodrigo Silva de. *Tempos de revoltas no Brasil Oitocentista*: ressignificação da Cabanagem no Baixo Tapajós (1831-1840). Recife, 2015. Dissertação (Mestrado em História) – Universidade Federal de Pernambuco.

MONTEIRO, Tobias. *História do Império*: a elaboração da Independência. Belo Horizonte: Itatiaia; São Paulo: Edusp, 1981, 2 v.

NEVES, Lúcia Maria Bastos Pereira Das. *Corcundas e Constitucionais*: a cultura política da independência (1820-1822). Rio de Janeiro: Revan/Faperj, 2003.

O CONCILIADOR DO MARANHÃO. São Luís, 1822.

QUINTAS, Amaro. A agitação republicana no Nordeste. In: HOLANDA, Sérgio Buarque (org.). *História geral da civilização brasileira*. 7. ed. São Paulo: Difel, 1985, t. 2, v. 1, pp. 207-226.

RAYNAL, Guillaume-Thomas François. *A Revolução da América*. Trad. de Regina Clara Simões Lopes. Rio de Janeiro: Arquivo Nacional, 1993.

REVÉRBERO CONSTITUCIONAL FLUMINENSE. Rio de Janeiro, 1821-1822.

RODRIGUES, Denise Simões. *Revolução Cabana e construção da identidade amazônica*. Belém: EDUEPA, 2019.

RODRIGUES, José Honório. *Independência*: revolução e contrarrevolução. Rio de Janeiro: Francisco Alves; São Paulo: Edusp, 1975.

SOUSA, Octávio Tarquínio de. *A vida de D. Pedro I*. Rio de Janeiro: José Olympio, 1972, 3 v.

SOUZA, Iara Lis Carvalho. *Pátria coroada*: o Brasil como corpo político autônomo, 1780-1831. São Paulo: Unesp, 1999.

TAVARES, Luiz Henrique Dias. A Independência como decisão da unidade do Brasil. *Revista Brasileira de Cultura*, Brasília, DF, n. 17, p. 89-96, jul./set. 1973.

_____. *História da Bahia*. São Paulo: EdUnesp; Salvador: EdUFBA, 2001.

Ideias em ação

ANDRÉA SLEMIAN

As pessoas nem sempre se lembram, ou por vezes sequer têm em mente, que no momento da independência do Brasil viveu-se uma verdadeira renovação do ponto de vista das ideias políticas. Talvez o melhor símbolo dessa transformação possa ser visto na defesa de uma *constituição*, postura que então se disseminou tanto entre os setores mais radicais como entre outros mais conservadores. Então chamada de "base fundamental da sociedade", de "regra infalível da justiça", de "sagrada", e associada a um antídoto contra os despotismos, a palavra "constituição" aparecia como verdadeira pedra de toque para construção de um novo governo. Mas o que fazia com que ela pudesse ser evocada de maneira tão recorrente e por setores tão diversos? A resposta a esta pergunta só pode ser encontrada mediante a recuperação dos diversos sentidos que ela adquiriu desde então. Isso implica discutir as concepções e os projetos políticos que estavam por trás de palavras como essa, desvendando os próprios embates existentes e que serviram de fundo ideológico para o Império do Brasil. Essa é a proposta deste capítulo.

PORTO, PORTUGAL, 1820

Antes de mergulharmos nestas questões, há que se recordar o que foram os acontecimentos de 1820 em Portugal e como eles se constituíram em um caminho sem volta na América portuguesa. Em agosto desse ano, um movimento armado tomou a cidade do Porto clamando por mudanças. Apesar de ostensivamente liderado por militares, ele aglutinou as insatisfações de muitos setores sociais de Portugal, exigiu a volta imediata do rei a Portugal e a instauração de um processo constituinte. Como é sabido, D. João encontrava-se no Rio de Janeiro desde 1808. Mesmo com a derrota de Napoleão Bonaparte em 1814, razão mais imediata para a saída da Corte da Europa, ele não apenas permanecera no Brasil como elevara a colônia à condição de Reino (dando-lhe o mesmo estatuto do Reino de Portugal e Algarves). Foi assim que, diante de todos os turbilhões que vivia a Europa desde finais do século XVIII, e mesmo a América espanhola desde a década de 1810, o Império Português conseguira manter um regime monárquico em moldes tradicionais, centrado na figura do rei.

Do ponto de vista das ideias, o movimento de 1820 expressou um ponto de ruptura. Há décadas podia-se mapear insatisfações e críticas à política do Império Português, como se fez sentir igualmente no Brasil, influenciado pela onda revolucionária que pregava direitos universais e formas representativas de governo por meio de ideais de separação de poderes. O pedido por uma constituição por parte de seus líderes se fundava sobre essas concepções e, devido à rapidez com que o movimento encontrou adeptos na península e, logo em seguida, na América, foi impossível contê-lo. No entanto, não podemos nos deixar enganar apenas pelo que seus protagonistas chamavam como novidade: desde o início, a dita Revolução do Porto teve igualmente um caráter legitimista, ou seja, de preservação da tradição monárquica.

A presença dessa tradição pode ser vista na própria utilização do vocábulo "Cortes" para se referir à assembleia constituinte que se queria instaurar. A palavra se referia às antigas reuniões que, desde finais da Idade Média, o rei português realizava com seus súditos organizados hierarquicamente pelos representantes de cada corporação ou grupo social, em locais previamente determinados. A assembleia constituinte que vai se instalar em Portugal será inovadora do ponto de vista da representação dos segmentos da sociedade portuguesa, incorporando sujeitos antes impensáveis no antigo formato tardo medieval das Cortes do rei, como as elites ultramarinas, mas o termo "Cortes", curiosamente, vai predominar na forma de se referir a ela – muitos vão falar de "Cortes Constitucionais". Então, por estranho que pareça, as Cortes no movimento do Porto expressaram uma ideia de restauração da monarquia, de recuperação dos valores monárquicos vinculados e da sua relação com os povos. Por isso, foi comum que os partidários do movimento, intitulados de liberais, falassem em reforma e regeneração em vez de revolução. Há quem diga que a utilização de um vocabulário mais moderado serviria também para ganhar adeptos, já que o movimento abalava, sem dúvida, o poder do próprio rei e sua Corte.

O fato é que as *Cortes Constituintes da Nação Portuguesa* seriam instaladas em janeiro de 1821 em Lisboa e conclamariam eleições em todas as partes do Império a fim de se escolher os seus parlamentares. Antes mesmo disso, a adesão ao movimento ocorreu rapidamente no

Brasil, a começar pelas províncias do Pará e da Bahia, obrigando um posicionamento do rei português, que se encontrava instalado no Rio de Janeiro. A partir de então, iniciou-se um caminho sem volta cuja enunciação do projeto de independência foi uma de suas consequências. Mas a torrente de ideias em debate ajuda a entender como foi possível a conformação de um arranjo constitucional que, mesmo conservador, falasse em nome de transformações. Apresentaremos a seguir alguns desses embates, com foco na discussão dos sentidos que a palavra "constituição" possuía então, por considerarmos este um excelente ponto de observação para entender o processo.

A REVOLUÇÃO CHEGA NO BRASIL, E OS REPRESENTANTES DO BRASIL EM LISBOA

Na madrugada do dia 21 de novembro de 1821, foram presos na cidade do Rio de Janeiro João Batista, correio do Real Erário, e Dionísio Prudêncio, um pardo miliciano. Eram acusados de estarem na rua gritando "vivas à liberdade", quebrando rótulas e vidraças. Diziam as testemunhas que eles cantavam o "Hino à moda de Pernambuco", província que há três anos havia se levantado contra a Corte do Rio de Janeiro. Os dois não estavam sozinhos, mas fugiram os outros que nem se puderam conhecer.[1]

Desde fins de 1820, eram conhecidas as cartas anônimas dirigidas ao general de armas no Rio de Janeiro revelando possíveis projetos revolucionários. Uma delas afirmava que "não só nas Capitanias da Bahia e Minas há umas ideias de revolução que metem medo; mas mesmo cá por esta não se pensa em outra coisa, e quanto mais notícias há do que se passa nas outras Províncias e pela Europa maiores esperanças há".[2] O espalhar dessas ideias poderia ser então visto em outras localidades, e também em outros grupos sociais subalternos. Na Província do Pará, na mesma época, alguns índios tapuios se apropriaram das notícias que chegavam de Lisboa e começaram a se recusar a realizar trabalhos compulsórios – dado que eram a mão de obra predominante ali – sob a justificativa de que, como "brasileiros", passariam a ser livres a partir da constituição, não podendo ser escravizados.[3]

Tudo isso denota como as ideias de revolução estavam no ar, mesmo antes da Revolução do Porto. Hoje se sabe que os movimentos que tomaram corpo na América espanhola desde a década de 1810, e que forneceram as bases para projetos de independência, tiveram um forte papel na sua propagação no Brasil. Também sabemos que ondas de crítica ao governo português existiam há mais de uma década, quando dos ensaios de sedição de finais do século XVIII na América portuguesa e da então recente e emblemática Revolução de Pernambuco de 1817, vista como modelo de transformação.

A adesão do rei ao movimento iniciado no Porto se faria em meio a esse clima. Mas o que significava aderir às Cortes? Significava o reconhecimento da autoridade soberana dessas assembleias como espaço de representação da nação portuguesa para governo dos seus territórios. As Cortes nasciam como legislativas e constituintes, ao mesmo tempo, pois teriam o papel de conceber os princípios jurídicos para o novo governo a partir do estabelecimento de seus princípios e leis. Jurar à Constituição foi o gesto político e simbólico da submissão do rei ao poder que se entregava às Cortes.

Nesse momento inicial, ganhavam visibilidade pronunciamentos mais radicais que pregavam uma total obediência do monarca às Cortes. Foi quando se deu a decisão de D. João voltar a Portugal deixando seu filho como príncipe regente no Rio de Janeiro. Mas também existiram posicionamentos moderados sobre como deveria ser o novo regime de monarquia constitucional, que já havia sido anunciado desde o movimento no Porto. Era nesses termos que escrevia o ouvidor do Rio Grande do Sul, José António de Miranda, em um opúsculo impresso no Rio de Janeiro em 1821, ao defender a perfeita harmonização entre a constituição e a monarquia.[4] Dizia Miranda estar "convencido" de que as Cortes estavam "penetradas de sentimentos nobres, e generosos de amor e respeito pelo melhor dos Reis" e que "não defraudarão a Vossa Majestade dos Direitos, e Regalias inerentes ao Trono".[5] Dirigia seu texto diretamente ao monarca, a quem atribuía sentimentos de amor paternal, sem poupar palavras para dizer que a "Nação uniformemente" o aclamava "para governar como Rei, ainda que Rei Constitucional".[6]

Cabe agora perguntar: o que significava um regime de monarquia constitucional? Desde a experiência revolucionária francesa, esse foi o primeiro sistema de governo adotado como forma de controlar o poder do rei então acusado de absolutista. Baseado na ideia de separação de Poderes (Legislativo, Executivo e Judiciário), como estava em voga no mundo no século XVIII, seu princípio se assentava na transparência das ações do governo, na participação dos cidadãos na formação das leis, e na preservação dos direitos inalienáveis do homem – *grosso modo* identificados com a liberdade, segurança e propriedade. O regime constitucional colocava-se como oposto às formas tradicionais cortesãs de se fazer política, já que os poderes e responsabilidades do rei e de seus ministros deveriam estar fixados a partir de uma constituição. Não podemos deixar de marcar que, com a onda conservadora que tomou conta da Europa após a queda de Napoleão, e o movimento consolidado a partir do Congresso de Viena entre os anos de 1814-1815, os regimes de monarquias constitucionais ganhariam um tom mais conservador. Isso significou regimes com maiores poderes aos reis, bem como a preservação da legitimidade e simbolismo da monarquia. É fundamental estar consciente de que foi nesse ambiente que a alternativa de independência do Brasil se construiu.

De todo modo, quando se abriram as sessões das Cortes portuguesas, a proposição de um regime de monarquia constitucional alterava a forma tradicional de funcionamento do governo joanino.

Uma de suas primeiras novidades foi a chamada de eleições para representantes da nação portuguesa por todos os territórios do Império. No Brasil, o processo eleitoral ocorreu por províncias, e seus deputados foram tomando assento em Lisboa em momentos distintos entre os anos de 1821 e 1822. Mais significativo ainda, talvez, tenha sido o que aconteceu no ambiente das Cortes: foi ali que as diferenças de concepção entre aqueles provenientes da América e os reinóis (nascidos no Reino de Portugal) se fez especialmente presente.

Grande parte das tensões ocorridas nas Cortes esteve vinculada à própria expectativa que o movimento constitucional gerou. A partir de então, já não faria mais sentido falar em territórios coloniais, e a defesa de que as localidades deveriam ter seus próprios governos, com autonomia de decisão, estaria na ordem do dia. Daí vinham ao menos duas concepções diferentes da "nação", palavra que ganhou especial protagonismo nesse momento de reconstrução dos laços que uniam os territórios: enquanto os deputados do Brasil concebiam a nação como união das partes que deveriam possuir direitos no autogoverno local, os deputados portugueses peninsulares evocavam uma "nação una e soberana" em que qualquer indivíduo poderia representá-la. A diferença se fez notar especialmente quando se discutiu se deveriam esperar os deputados do Brasil para a votação de leis que diziam respeito diretamente à América ou se os que estavam no plenário poderiam falar em nome de todos. Duas concepções que tocavam, como se pode imaginar, na expressão dos interesses que poderiam ou não ser levados pelas províncias.

Outro tema de discórdia nas Cortes seria o do número de representantes. Se fossem considerados os africanos e os indígenas na contagem da população, proporcionalmente muito maior seria o número de deputados vindos da América! O que efetivamente não ocorreu. Da mesma forma, as discordâncias se fizeram em relação aos debates sobre as relações comerciais, em que os deputados do

Brasil tendiam a ser muito mais afeitos ao livre-comércio, enquanto os peninsulares falavam em privilégios comerciais existentes e que lhes favoreciam. Enfim, questões não faltaram para criar um clima de tensão na Casa. O que denotava que as concepções defendidas por cada qual implicavam a difícil tarefa de construir um consenso sobre quais deveriam ser as bases políticas para uma nova unidade imperial constitucional e não mais colonial.

Logo após a chegada dos deputados do Centro-Sul, a situação seria ainda mais complicada: falar em nome do Brasil para muitos desses era defender a manutenção de um centro político no Rio de Janeiro, sob o comando do príncipe regente. É conhecido o decreto das Cortes que ordenou a volta imediata de D. Pedro a Lisboa, de setembro de 1821. A justificativa era que as Cortes seriam soberanas e não existiam formas de controle do poder do príncipe e de seus ministros na América. Contrariamente, a defesa feita por parte dos deputados do Brasil seria pela manutenção de um centro de poder político executivo e legislativo em território americano, o qual deveria estar no Rio de Janeiro. Foi esse impasse que fez com que alguns representantes do Brasil abandonassem a Casa legislativa em outubro de 1822. Mesmo que não fossem todos, com destaque para os deputados do Pará que seguiram ocupando suas cadeiras nas Cortes, o impasse estava colocado e a relação com muitas das províncias do Brasil, estremecida.

ANTES DE TUDO, A INDEPENDÊNCIA FOI UMA IDEIA

Enquanto nas Cortes desenhava-se um clima de impossibilidade de consenso entre os deputados portugueses e os do Brasil, o cenário nas províncias americanas não era menos conflituoso. Em muitas delas, apesar da expectativa positiva gerada pelo movimento constitucional, havia também resistência à ideia de submissão às Cortes. Em cada uma se desenvolveriam disputas locais entre grupos e projetos, muito marcadas pela força estrondosa que ganhava o discurso acerca dos direitos dos povos em comandar seu governo. Como seria possível conciliar as duas coisas? Permanecer leais às Cortes foi, num primeiro momento, a forma de se lutar com setores que passariam a ser identificados com o regime antigo, agora chamados absolutistas, em confrontos nada pacíficos.

Para as províncias do Norte e do Nordeste, havia maior desconfiança em relação ao príncipe regente no Rio de Janeiro e suas reais intenções no que tocava ao novo regime. Para elas, um poder poderia ser tão tirânico quanto outro. No Centro-Sul, por seu lado, defendia-se cada vez mais a centralidade da capital carioca entre as províncias americanas, o que teve como clímax o momento em que D. Pedro se negaria a obedecer às Cortes e voltar a Lisboa – conhecido como Dia do Fico, em janeiro de 1822. O movimento surgiu a partir de negociações políticas feitas pelo príncipe com as províncias vizinhas – São Paulo e Minas Gerais sobretudo –, com grandes e médios proprietários vinculados à Corte, mas também com setores populares, entre eles militares e pardos milicianos. Essa foi a base para construção de um projeto de independência encabeçado pelo príncipe e que construiu um poderoso discurso para legitimá-lo: o de que as Cortes instaladas em Portugal tinham por intenção *recolonizar* o Brasil.

Algumas palavras precisam ser ditas sobre o tema. Ainda que seja claro que houve uma crescente tensão entre representantes de ambos os lados do Atlântico, não se pode dizer que um verdadeiro plano para recolonização do Brasil estivesse em pauta. Seriam os grupos interessados na manutenção da centralidade do Centro-Sul que se valeriam do tenso momento existente, construindo uma verdadeira "retórica da recolonização", segundo palavras de Márcia Berbel, para legitimar seus interesses.[7] Os adeptos do príncipe, e ele mesmo, chegaram a defender a convocação de "Cortes no Brasil" – termo cunhado na época – como forma de apontar às elites provinciais que eles também defendiam um espaço legislativo para participação delas. Esse discurso criou as condições para D. Pedro proclamar a independência de Portugal em setembro de 1822 e, em seguida, chamar uma assembleia constituinte no Rio de Janeiro.

Mas a batalha não estava ganha. Com a proclamação da independência, províncias como Pará, Maranhão e Bahia, movidas pela defesa de que "a situação natural lhes promete maiores vantagens da sua união com a Corte de Portugal, que com a do Rio de Janeiro",[8] transformaram-se em cenários violentos de guerra. Esses episódios serão tratados de forma aprofundada no capítulo "A guerra de Independência". Por ora, é importante dizer que a opção por uma monarquia que deveria ser recriada em moldes constitucionais e teria como centro o Rio de Janeiro dividia opiniões e posicionamentos. Em meio a esse clima, a Assembleia Legislativa e Constituinte do Império do Brasil abriu suas portas em 3 de maio de 1823, com pouco mais da metade do número dos deputados esperados diante dos conflitos e guerras que se travavam em várias províncias.

Para que se tenha ideia do clima de tensão existente na Casa, bem como das ideias que rondavam a construção de um novo Império, recuperamos uma das primeiras discussões feitas entre os deputados. Aparentemente banal, ela expressa diferentes concepções dos impasses na construção de um novo governo. A discussão era sobre os ritos e protocolos que a Assembleia deveria seguir quando o Imperador adentrasse na Casa juntamente com os deputados eleitos nas províncias. A proposta era que, quando isso acontecesse, o presidente da Assembleia e o monarca deveriam estar sentados em cadeiras no mesmo nível, sem distinção de degrau e, portanto, de importância. A justificativa para tal postura é significativa: estariam eles, os deputados, reunidos para construir um novo "pacto político" – essa era a expressão usada – e D. Pedro somente seria imperador quando tivesse aceitado a Constituição. Até então, presidente e imperador estariam falando de igual para igual. O raciocínio não apenas destituía provisoriamente D. Pedro do título, mas também o colocava praticamente abaixo da nova autoridade legislativa. De imediato, a proposta provocou uma reação e logo vieram falas que reconheciam a autoridade do imperador de antemão como representante da "nação" por ser o legítimo herdeiro do trono português.

Por que essa discussão nos interessa? Porque ela traz consigo duas concepções diferentes na definição de *soberania* e de *nação* – conceitos que tinham se tornado fundamentais após a onda de revoluções que tomou conta da Europa e da América entre os séculos XVIII e XIX. Porque elas tocavam no equilíbrio entre os poderes políticos e na própria ação que deveria caber ao monarca. Afinal, a soberania deveria residir majoritariamente na nação e ter um caráter *popular*, valorizando os espaços representativos como a Assembleia, ou deveria estar essencialmente no monarca como representante dos povos, e da própria nação? Conforme dito anteriormente, o uso da palavra "nação" já provocava reações adversas nas Cortes em Lisboa, onde o clima nunca deixara de ser tenso.

Para que se vislumbre o tipo de confrontos de ideias gerados, veja-se como um deputado defendeu claramente a posição subalterna do imperador em relação à nação:

> Representantes como somos de uma Nação livre, que se constitui, não podemos enquanto nos constituímos, tratar o Imperador como superior à mesma Nação, mas sim como secundário à sua Soberania. Não o façamos tão metafísico, que não o vejamos delegado dela exercendo o Poder Executivo cujas metas ainda não marcamos.[9]

Dessa forma, não faltaram adeptos da "augusta Assembleia" e da "vontade nacional" *versus* o "augusto soberano" como protetor dos povos e herdeiro legítimo. Conforme igualmente apontamos, essa mesma ambiguidade já estava presente desde a eclosão do movimento revolucionário em Portugal em 1820.

Uma outra questão rondou os debates e as ideias desde o início dos trabalhos da Casa Legislativa: da relação entre a Corte do Rio de Janeiro e as outras províncias do Império. Já quando da adesão às Cortes, um sentimento em nome da defesa da autonomia no governo das províncias ganhara muito terreno. O projeto de independência encabeçado por D. Pedro teria que negociar com muitas delas e, mais ainda, deixar claro que respeitaria seus interesses e anseios. Ao contrário do que se imputava às Cortes, de quererem "recolonizar" o Brasil, o projeto teve que construir um discurso pela sua união imperial. Tarefa que esteve longe de ser fácil.

Duas posições igualmente divergentes se enunciaram em muitos momentos: os favoráveis a conferir um papel mais proeminente às Cortes no peso dos poderes políticos e os que investiram em um desenho mais federalizado, ou mesmo confederado, para usar os termos da época. Entre esses últimos, não faltaram aqueles que diriam aos quatro ventos haver receio nas províncias de que no Rio de Janeiro não se seguisse um "verdadeiro sistema Constitucional". Enquanto isso, os que falavam em nome do projeto de independência evocavam as vantagens da Corte como ponto de união do Império, da legitimidade da monarquia na preservação da ordem e do equilíbrio de poderes. Nesse sentido, o tom de moderação trazido pela instalação do monarca na América cumpria seu papel.

O clima tenso, dentro e fora do espaço parlamentar, esteve entre as razões alegadas por D. Pedro para fechar a Assembleia Constituinte em novembro. É relevante que, imediatamente após seu fechamento, o imperador tenha nomeado uma comissão para elaboração de uma Constituição que ele prometeu ser ainda mais liberal. Ousamos dizer que o projeto de independência dependia dela para poder lutar por adeptos e impor-se no novo território. Veremos em seguida o porquê.

CONSTITUIÇÃO COMO PACTO POLÍTICO

"Uma nação só se constitui quando organiza o seu pacto social; no qual marca as condições debaixo das quais os homens cedem dos seus originários direitos, e pelas quais se conhece as vantagens que eles tiram dessa cessão."[10] Com essas palavras o padre Venâncio Henriques de Resende, representante da Província de Pernambuco, iniciava um contundente discurso dentro da Assembleia Constituinte em 1823. A mensagem era clara: seguindo as palavras do mesmo Resende, para se constituir uma nação era "necessário o expresso consentimento daquele que a ela se quer ligar". Ou seja, sem a declaração da vontade de cada um, não haveria império, nem imperador.

Pelo tom, já se pode imaginar que a fala tinha um caráter crítico em relação aos defensores da monarquia constitucional encabeçada por D. Pedro. Adotavam o mesmo tom os representantes de outras províncias, sobretudo os do Norte, quando queriam pressionar os mais governistas para demandas de outras regiões não próximas às Cortes. Nesse sentido, "constituição" tinha um claro sentido de representar um "pacto político". O que significava remontar a uma antiga tradição política *contratual*, a qual conferia aos "povos" o poder de escolha sobre sua forma de governo.

Se, por um lado, essa concepção poderia ter um caráter atentatório ao projeto imperial, é verdade que, por outro, poderia ser igualmente utilizada pelos seus defensores. Para estes últimos, falar em pacto pode também significar defender o imperador como expressão máxima de um ato já firmado, desde tempos imemoriais em Portugal, entre o rei e seus súditos. Nesse sentido, não havia dúvida de que cabia a D. Pedro o papel de imperador, e que a independência tinha um sentido de verdadeira regeneração da monarquia aos seus antigos princípios.

Por mais estranho que essa última associação possa parecer, ela representava a ambiguidade da palavra existente desde o movimento revolucionário em Portugal. Ou seja, evocar a tradição da monarquia e, ao mesmo tempo, sua renovação por meio de uma nova constituição. Como se vê, constituição como pacto poderia ser usada em sentidos diversos, até mesmo opostos: por vezes, representando a força que deveria ter os povos, as partes, ou as províncias na sua consecução; outras vezes, o papel do próprio monarca como central na formação da nação. A palavra então representava um acirrado campo de disputa.

CONSTITUIÇÃO COMO PROJEÇÃO DE FUTURO

Entre finais do século XVIII e início do XIX, a palavra "constituição" também passou a carregar em si uma tarefa: a de construção de um novo regime político. Por essa razão, sua associação com as revoluções não se deu à toa. Nos movimentos de independência da América Latina, e igualmente no Brasil, se replicaria o mesmo sentido da necessidade de se abandonar a "velha" ordem colonial e construir governos independentes e representativos. Constituições passaram a ser textos políticos que projetavam um desenho institucional e jurídico e anunciavam que um novo sistema de leis, códigos e regulamentos deveria ser ainda criado.

A Carta Constitucional de 1824 seguiu precisamente esse espírito. Tanto ao estabelecer uma ordem de poderes ainda inexistente, como por indicar o que ainda precisava ser regulado. No seu artigo 179, o parágrafo XVIII apontava que se organizaria "o quanto antes um Código Civil, e Criminal, fundado nas sólidas bases da Justiça, e Equidade". Seis anos depois, aprovou-se o Criminal, mas o Império nunca teve um Civil. Mesmo assim, naquele momento, a Carta carregava consigo uma promessa de mudança. Seus defensores tendiam a tratá-la como um verdadeiro elemento de coesão do novo Império, "arraigada em nossas leis, estabelecimentos e costumes", ou seja, com os pés no *passado* apontando para o futuro. Os que duvidavam das reais intenções do imperador e do projeto de independência carregavam nas tintas acerca da necessidade de a Carta construir algo novo a partir dos interesses da "nação".

A ideia de futuro que estava por trás da Constituição também serviu para posicionamentos críticos em relação ao presente. Foi assim que surgiu o discurso de que o Brasil, e outras tantas nações ibero-americanas, encontrava-se ainda na "infância" e estaria muito distante da "civilização" e das "luzes". Logo na abertura do Parlamento em 1826, o deputado Gonçalves Ledo, ao falar do poder ministerial, afirmava que novas medidas somente poderiam ser adotadas na medida em que houvesse crescimento do "progresso da civilização, das nossas luzes, do nosso interesse público e do estabelecimento e consolidação dos princípios".[11] Comparações com outros lugares considerados mais "civilizados" eram permanentemente evocadas, em linhas gerais, para realmente inviabilizar algum projeto de maior mudança.

O discurso da "falta de preparação" do Brasil tampouco era inocente. Ele também aparecia atrelado, na boca de muitos que estiveram ao lado de D. Pedro, a uma retórica em defesa da necessidade de prudência contra mudanças políticas mais radicais. Nesse sentido, ele serviu à moderação de mentes e corpos em uma espécie de face conservadora da projeção de futuro que a Constituição poderia representar.

CONSTITUIÇÃO COMO IMPOSIÇÃO

Após o fechamento da Assembleia Constituinte, em novembro de 1823, D. Pedro convocou uma comissão para o término da elaboração de um novo projeto de constituição. Logo no início do ano seguinte, ele estava terminado e pressupunha a união de todas as províncias anteriormente portuguesas, inclusive a Cisplatina (atual Uruguai). A primeira ação do monarca foi submeter o projeto à aprovação e juramento nas Câmaras municipais. O ato não era meramente simbólico. Jurar a Carta era aderir a um projeto político, o do Império do Brasil. Para a Corte do Rio de Janeiro isso significava a separação entre os aliados e os inimigos políticos do projeto que se propunha.

Os defensores da monarquia constitucional encabeçada por D. Pedro não se furtavam em atribuir uma certa sacralidade à Carta de 1824. A ideia que ela poderia operar o "milagre político" de consolidar o "edifício" social no Brasil e a união de todas as partes era uma expressão muitas vezes utilizada. Aos inimigos, caberia a guerra, como sabemos que a Corte moveu contra as províncias e cidades na Bahia, Pará, Maranhão e Cisplatina.

O mesmo caberia aos indivíduos que demonstrassem estar contra o regime. Nesse sentido, uma cláusula da Carta solicitava aos cidadãos que reportassem ao governo tudo que considerassem contrário a ela, da seguinte forma:

> Todo o cidadão poderá apresentar por escrito ao Poder Legislativo, e ao Executivo reclamações, queixas, ou petições, e até expor qualquer *infração* da Constituição, requerendo perante a competente autoridade a efetiva responsabilidade dos infratores.[12]

É fato que o artigo abria um amplo campo de possibilidades e de interpretações sobre o que viria a ser um ataque à Carta. Para que se tenha ideia de sua ação impositiva, passou-se a exigir que aqueles nascidos em Portugal aderissem "tacitamente" à Carta para serem considerados cidadãos brasileiros. A adesão à Constituição era, sobretudo, um ato político e não se poupou esforços militares em consegui-lo.

CONSTITUIÇÃO COMO PERPETUAÇÃO DO ESCRAVISMO

Como é sabido, a Carta de 1824 não foi um instrumento de combate ao escravismo. Ao contrário, uma de suas cláusulas projetou sua perpetuação Império adentro. Trata-se da determinação de que caberia aos libertos (escravizados que tivessem conseguido sua liberdade) serem considerados cidadãos.

Ao longo dos debates da Assembleia de 1823, discutiu-se o tema a partir da proposição de que "todos os escravos que obtivessem carta de alforria" deveriam ser considerados "cidadãos brasileiros". Entre os argumentos a favor dessa ideia era de que seria nefasta uma distinção inicial colocada no universo dos homens livres em função dos egressos do cativeiro. Seus defensores argumentavam que todos os livres homens deveriam ser reconhecidos com as mesmas condições naturais, e que cada qual alcançaria diferentes condições sociais a partir de suas capacidades. Ou seja, os mais industriosos e habilidosos seriam mais bem-sucedidos e até poderiam alcançar direito de votar e de ser elegível. O argumento era claramente liberal, criando a ilusão de que todas as pessoas estariam sujeitas às mesmas condições. Junto a esse argumento estava a ideia de que essa "liberalidade Constitucional" para com os libertos serviria para "inspirar-lhes gratidão, e emulação, para serem obedientes e industriosos".[13]

Mas é fato que a decisão reforçava a distinção entre o mundo dos homens livres e o dos escravos. Na cabeça da maioria dos constituintes que votou pela medida também estava a ideia de que ela contribuiria para manutenção da estabilidade desse sistema. Como a alforria era uma realidade no Brasil do século XIX, a possibilidade de sua obtenção poderia fazer com que ela fosse vislumbrada como atraente aos escravizados, cabendo-lhes serem considerados cidadãos. Mas não nos enganemos: era óbvio que as condições nunca seriam iguais e que a mácula da cor teria, infelizmente, seu papel.

Um aparente detalhe não pode deixar de ser mencionado. Quando D. Pedro outorgou a Carta, em 1824, haveria um detalhamento em relação ao tema no título 2º, dos "Cidadãos brasileiros": *apenas* os libertos *nascidos* no Brasil poderiam vir a ter direito a essa condição. Ou seja, sem nenhuma menção direta, excluía-se os africanos e seguia o tráfico com ventos fortes. Eis o que a Carta Constitucional também projetava.

CONCLUINDO

Como enunciamos desde o início, a constituição pode ser considerada um excelente fio condutor para vislumbrar as ideias políticas em movimento quando do processo de independência do Brasil. A análise da Carta Constitucional de 1824 descortinou vários significados que o texto pode carregar consigo, como pacto político, como projeção de futuro, como uma forma de imposição de um projeto e mesmo pela perpetuação do escravismo. Como um caleidoscópio, a Carta serviria a diversos modelos de combinações e interesses, síntese das contradições e ambiguidades vividas no período desde a eclosão do movimento revolucionário no Império Português em 1820. A mesma Carta ilustra bem o momento fundante de que tratamos, no qual o regime apostou em uma gradual e conservadora ruptura política, sem maiores solavancos sociais. Marcas de nascença que fazem parte dos discursos e práticas dos homens e mulheres da época.

Notas

[1] SLEMIAN, Andréa. *Vida política em tempo de crise*: Rio de Janeiro (1808-1824). São Paulo: Hucitec, 2006, p. 154.
[2] Idem, p. 155.
[3] MACHADO, André. *A quebra da mola real das sociedades*: a crise política do antigo regime Português na província do Grão-Pará (1821-1825). São Paulo: Hucitec, 2010.
[4] *Memória Constitucional e Política sobre o Estado presente de Portugal e do Brasil*. Rio de Janeiro: Typographia Nacional, 1821.
[5] Idem, p. 54.

6 Idem, p. 59.
7 BERBEL, Márcia. A retórica da recolonização. In: JANCSÓ, István (org.). *Independência*: história e historiografia, São Paulo: Fapesp/Hucitec, 2005, pp. 791-808.
8 *As Juntas Governativas e a Independência*. Rio de Janeiro, Arquivo Nacional (Conselho Federal), 1973, v. 1, p. 212.
9 *Diário da Assembleia Geral, Constituinte e Legislativa do Império do Brasil* - 1823 (edição fac-similar) [doravante DAG]. Brasília, Senado Federal, 1973, v.1, 11 junho, p. 202.
10 *DAG*, v. 1, p. 102.
11 *Annaes do Parlamento Brazileiro*, t. II [1826]. Rio de Janeiro: Typographia do Imperial Instituto Artistico, 1874, t. 2, p. 216.
12 *Carta Constitucional de 1824*, art. 179º, do parágrafo XXX, destaque da autora.
13 *DAG*, v. 3, p. 139, discurso do deputado Venâncio Henriques de Resende.

Bibliografia

BERBEL, Márcia; MARQUESE, Rafael; PARRON, Tâmis. *Escravidão e Política*: Brasil e Cuba, 1790-1850. São Paulo: Hucitec, 2010.
_____. A retórica da recolonização. In: JANCSÓ, István (org.). *Independência*: história e historiografia, São Paulo: Fapesp/Hucitec, 2005, pp. 791-808.
FERNÁNDEZ SEBASTIÁN, Javier (dir.). *Diccionario político y social del mundo iberoamericano*: La era de las revoluciones, 1750-1850. Madrid: Fundación Carolina/Sociedad Estatal de Conmemoraciones Culturales/Centro de Estudios Políticos y Constitucionales, 2009.
SLEMIAN, Andréa. Para o futuro, um Império. In: ARBOLEYA, A.; COSTA, H.; PEGORARO, J. N.; PEREIRA, A. L. (orgs.). *Futuro do pretérito*: o Brasil segundo suas constituições. Curitiba: Appris, 2019, pp. 95-112.
_____. "Seriam todos cidadãos?": Os impasses na construção da cidadania nos primórdios do constitucionalismo no Brasil (1823-1824). In: JANCSÓ, István (org.). *Independência*: história e historiografia. São Paulo: Fapesp/Hucitec, 2005.
_____; PIMENTA, João Paulo. *O "nascimento político" do Brasil*: as origens do Estado e da nação (1808-1825). Rio de Janeiro: Editora DP&A, 2003.

As províncias do Norte

JOSÉ INALDO CHAVES

Já faz um bom tempo que a historiografia passou a questionar conclusões convencionais e até mesmo apressadas a respeito da Independência. Os historiadores desconstruíram, por exemplo, a ideia de que 1822 foi o ponto de chegada de um corajoso grupo de homens que compartilhavam a mesma identidade nacional e estavam insatisfeitos com a assimetria econômica entre a colônia e a metrópole. O único resultado esperado dessa situação seria a ruptura com Portugal. O que as pesquisas mostram é algo bem diferente: jamais houve um único projeto de independência, e nenhum projeto alcançou uma clara unanimidade.

O Brasil naquele início do século XIX tinha habitantes multiétnicos, muitos dos quais autoidentificados e reconhecidos como portugueses *d'aquém mar*, ainda que mestiços. Para esses homens, desligar-se totalmente de Portugal não era uma questão fácil, nem antes e nem depois da emancipação.

Ao se libertar de visões como essa, muito marcada por um "nós (brasileiros) contra eles (portugueses)", a historiografia conseguiu ampliar o seu olhar sobre esse importante evento da história do Brasil. Nossa visão do passado se tornou mais rica. Nós passamos a prestar mais atenção em questões que não apareciam facilmente no nosso radar. Os historiadores passaram, por exemplo, a estudar os múltiplos arranjos de poder entre os habitantes do Brasil e seus governantes, além de entender de outra forma, menos simplória, palavras já conhecidas do vocabulário moderno – como liberdade, nação, constituição e soberania. Isso fez com que a emancipação de 1822 se tornasse algo bem mais complexo e criativo, sobretudo quando comparado com o monótono *grand finale* de uma relação há tempos arruinada.

O período foi acidentado, carregado de imprevistos e, principalmente, produto e produtor de vozes e expectativas sobre como fundar, organizar e manter o Estado e a Nação a partir de colônias. Seguindo esse filão, pretendemos neste capítulo recuperar algumas dimensões do processo político da Independência a partir de uma regionalidade específica – o antigo Norte do Estado do Brasil, isto é, a imensa área de fronteiras fluídas sob influência relativa do porto e vila do Recife desde o século XVII. Faziam parte dessa área de abrangência as tradicionais zonas da mata açucareiras do sul do Rio Grande do Norte, Paraíba, Pernambuco e Alagoas, os agrestes algodoeiros da serra da Borborema, as ribeiras sertanejas e pecuaristas do Parnaíba ao São Francisco, dentre outras.

RIO, LISBOA E OUTROS "LOCAIS"

Em 1822, não existia o Brasil que conhecemos hoje, com suas fronteiras demarcadas e reconhecidas tanto pela comunidade internacional quanto pelos próprios brasileiros. Na verdade, atuando sobre realidades ambientais e étnicas variadíssimas, a colonização portuguesa precisou ceder à fragmentação do poder e da economia na América. Várias análises destacaram a existência de polos regionais que exerceram, entre os séculos XVI e XVIII, grande capacidade de atração comercial e especialização econômica, além de certa centralidade geopolítica sobre zonas subsidiárias, dependentes e territorialmente conexas. Foram esses os casos dos três maiores aglomerados urbanos e portuários coloniais – Olinda/Recife, Salvador e Rio de Janeiro.

Malgrado Salvador e Rio de Janeiro terem sido também capitais do Estado colonial do Brasil – entre 1549 e a partir de 1763, respectivamente –, a Coroa preferiu estimular a comunicação direta com as próprias capitanias, o que prejudicava, muitas vezes de forma deliberada, o exercício de uma capitalidade centrípeta até pelo menos 1808. Estimulando concorrências entre governadores e lideranças locais e centrais, a Coroa também pretendia evitar o crescimento de poderes desmedidos e com potencial disruptivo em suas possessões ultramarinas. Quer dizer, diante da imensidão da América e da escassez de recursos humanos e financeiros para dominá-la de modo centralizado, Lisboa preferiu exercer um controle "por partes", estabelecendo alianças e parcerias sempre localmente e de maneira pontual. Isso ocorreu até mesmo com as capitais do Estado do Brasil – Salvador e Rio –, que executavam a gestão dos territórios coloniais e seus planos de expansão de maneira prioritariamente regionalizada, apesar dessas sedes estarem localizadas em cidades com sólidas conexões marítimas com muitos lugares do mundo, incluindo a África e a Ásia.

Mesmo assim, é consensual entre os historiadores que a chegada da família real ao Rio de Janeiro, em 1808, buscou promover alterações neste quadro de descentralização e irregularidade espacial da colônia. A presença da Corte joanina fortaleceu o Rio de Janeiro, tornando ainda mais sólido seu protagonismo comercial e portuário, que vinham em uma crescente desde a descoberta das minas. No século XVIII, a posição privilegiada dessa cidade no Atlântico Sul permitiu a construção da área de abrangência mais rica, dinâmica e poderosa da América portuguesa. Ela reunia negócios que iam das Minas Gerais à bacia do rio da Prata, sem contar as conexões com Potosí e as estruturadas rotas do tráfico de escravizados da África centro-ocidental. Ao escolher a capital do Estado do Brasil como destino de fuga, fazendo-a sede da Corte em 1808, a Coroa portuguesa, a um só tempo, ratificou sua importância como também pôde se aproximar das elites regionais ligadas ao entreposto fluminense, conhecendo melhor interesses compartilhados e reunindo lealdades.

Por isso, a historiadora Maria Odila Leite Dias descreveu esse processo como a *interiorização da metrópole* e destacou que a vinda da família real para o Rio de Janeiro, trazendo consigo uma imensa comitiva de servidores, fortaleceu os instrumentos de controle sobre toda a América, algo inédito até então e que causou muito estranhamento nas demais capitanias, acostumadas a margens largas de autonomia. A Coroa também ampliou os quadros da burocracia graças ao recrutamento nativo, agradando as elites do Rio e das capitanias mais próximas, como Minas Gerais e São Paulo, mas também aumentou os gastos para manutenção da Corte e dos servidores, repartindo as despesas com o restante da colônia, especialmente entre os lugares mais remediados.

Por sua vez, segundo explica Dias, ciente dos benefícios conquistados junto ao príncipe regente D. João, esse oficialato "interiorizado" mostrou-se determinado a mantê-los, o que dependia da

AS PROVÍNCIAS DO NORTE

permanência das instituições criadas ou transplantadas desde que o Rio de Janeiro se tornara o centro administrativo da Monarquia. Consequência dessa inversão, com a metrópole "tropicalizando-se", foi a crescente hostilidade e ciumeira de Lisboa, capital europeia cujo orgulho fora ferido três vezes: pela invasão napoleônica de 1807, pela tutela inglesa, ainda mais evidente a partir de 1815, e pela demora da realeza no Brasil, de onde parecia não querer sair.

Nem mesmo o retorno do rei D. João (aclamado João VI em 1818), ocorrido em 1821, acalmou os ânimos entre as duas cidades e seus grupos concorrentes. Em uma Lisboa convulsionada pela revolução liberal-constitucionalista de 1820 e pela reunião das Cortes Gerais e Extraordinárias da Nação Portuguesa no ano seguinte, a aristocracia militar e de sangue exigia a "recolonização" do Brasil com o imediato cancelamento de seu *status* de reino unido com Portugal e Algarves, conquistado desde 1815 e que, junto com a abertura dos portos de 1808, dera um golpe de morte nos fundamentos de sua relação com a metrópole. Para parte dessa aristocracia que permanecera em Portugal durante a invasão napoleônica, reduzir o Brasil a sua condição de colônia era um passo central na recuperação da projeção de Lisboa.

Porém, havia em Portugal (e no Brasil) quem advogasse certa equiparação e equilíbrio entre as partes peninsulares e ultramarinas da Monarquia, conferindo margens de autonomia a estas últimas. Era o caso dos "integracionistas", membros de uma geração formada sob a influência do reformismo ilustrado de Dom Rodrigo de Sousa Coutinho (1755-1812), para quem as províncias, da Europa ou do além-mar, deveriam trabalhar cooperativamente e possuíam igual destaque e importância para o sucesso do "todo", ainda que cumprissem funções econômicas distintas. Do lado de cá, o Rio Janeiro, que passara de sede do vice-reinado do Brasil à capital de um império atlântico, gozando de todos os melhoramentos que tal elevação lhe trouxe, naturalmente não aceitava qualquer decréscimo.

Estava dado o "caldo" da separação do Brasil tendo o Rio já nascido "capital" da jovem nação pela própria posição que ocupara no conflito com as Cortes Gerais. Tornara-se "bastião da Independência". O fiador do projeto fluminense era ninguém menos que o príncipe do Brasil, D. Pedro, que permanecerá como regente juntamente com parte da burocracia imperial desde o retorno do rei D. João a Portugal, em 1821, podendo atuar não apenas como "argamassa" da unidade entre as províncias, mas como único capaz de garantir a autonomia política e econômica sem ruptura com a ordem escravista que se queria preservada. Nesse sentido, D. Pedro sintetizou o combate de parte das elites coloniais a três de seus maiores receios: a recolonização portuguesa, a anarquia republicana e a revolta generalizada dos escravizados cujo potencial ameaçava as estruturas socioeconômicas e raciais vigentes.

Essa assentada história – resumida aqui de maneira arriscada – confere maior destaque às falas dos artífices do projeto "Pedrino", como os irmãos Andrada e, mormente, à José Bonifácio. Todavia, ela não nos autoriza a uma visão simplista que vê um processo dessa magnitude exclusivamente pelo seu "fim", naturalizando aquele que foi apenas um dos caminhos possíveis, e ele próprio muito acidentado. É conhecido que o separatismo neófito dos Andrada ganhou corpo somente após o completo insucesso da alternativa do Reino Unido com Portugal debaixo de uma monarquia constitucional. Esse era o sonho de constitucionalistas daquém e dalém mar. Desta banda do Atlântico, acreditou-se até o último minuto ser possível garantir a autonomia político-administrativa e comercial do Brasil dentro do Reino Unido com Portugal e Algarves, não violando, assim, a sacrossanta "Nação portuguesa". O assunto foi debatido à exaustão nas Cortes Gerais em Lisboa.

Com efeito, quando a separação se fez inevitável, o que veio depois foi muito mais que a pompa e circunstância da aclamação do novo imperador D. Pedro I. Não havia Estado, muito menos uma "Nação brasileira" e os territórios coloniais herdados eram uma "colcha de retalhos". Tudo estava para ser construído e essa construção resultou indelevelmente de conflitos, inclusive armados, com Portugal e com as elites regionais e grupos subalternizados da América lusa, pois todos tinham interesses próprios e expectativas distintas sobre um evento que poderia romper séculos de ligação com um reino europeu e ensaiava criar uma outra organização política na América. Como bem disse Sérgio Buarque de Holanda, "no Brasil, as duas aspirações – a da independência e a da unidade – não nascem juntas e, por longo tempo ainda, não caminham de mãos dadas".[1]

Por sua vez, o historiador Denis Antônio de Mendonça Bernardes observou que "toda a variada e rica luta política do período" não deve reduzida "ao acordo ou desacordo com as decisões que iam sendo tomadas pela corte no Rio de Janeiro, minimizando ou desqualificando as posições que divergiam das representadas pelo príncipe regente e seus seguidores".[2] Entre 1820 e 1822 – anos da experiência dos constitucionalismos luso-brasileiros –, Pernambuco e as províncias do Norte foram um caldeirão dessas experimentações e um laboratório para o manejo das novas metodologias da luta política por parte das elites senhoriais.

Porém, mais do que simplesmente repetir ou copiar modelos externos, o que se viu foram recombinações e leituras seletivas que atendiam aos objetivos de elites coloniais conhecidas por suas agitações e pela elaboração de uma peculiar agenda de negociação com a monarquia baseada nas prerrogativas de serem *conquistadoras*. Defendiam que, por terem lutado, "com seu sangue e fazendas", para expansão dos domínios do rei e do catolicismo na América, deveriam ser recompensadas com o monopólio sobre o poder local. Isto é, com o controle sobre as gentes, sobre as terras e sobre os cargos (ofícios) do governo. Esse monopólio senhorial – a partir das câmaras, sobretudo – era o instrumento dessas elites para o acesso privilegiado às formas de enriquecimento material e de engrandecimento social e simbólico, decisivos para diferenciá-las dos indígenas, dos africanos e seus descendentes, da crescente população de mestiços e de potenciais concorrentes estrangeiros.

Como típico nas relações entre poderes centrais e poderes locais nesse período, a Coroa buscou manter uma postura acautelada diante das pretensões dos colonos, calculando o tempo de retribuir e premiar e o tempo de tolher e punir. Porém, a historiografia reconhece que os "autonomismos" foram uma fonte importante de arroubos e revoltas coloniais, sendo acionados sempre que estes "homens bons" se viram ameaçados por forasteiros ou mesmo pelos excessos da metrópole. O início do século XIX foi um momento propício para esses embates, pois, como afirmou Roderick Barman, a partir de 1808, a Coroa tornou-se "muito mais capacitada a se imiscuir nos negócios provinciais".[3] Portanto, não surpreende que essa inédita proximidade tenha causado dificuldades na relação com as elites locais, especialmente em uma matéria já bastante sensível: a cobrança de tributos.

O QUE QUEREM OS SENHORES?

Após longo período de crise da economia açucareira, uma conjuntura internacional favorável, no último quartel do século XVIII, ajudou a recuperar os preços do açúcar "nortista", há tempos a principal *commodity* da região. Por outro lado, um verdadeiro "renascimento agrícola", associado, em maior ou menor grau, às medidas do reformismo ilustrado pombalino, interrompeu a predominância do açúcar. Os currais do Ceará, Piauí e Rio Grande, que já abasteciam de carne as cidades coloniais, se integraram também às fábricas de carne seca instaladas no Aracati e aos curtumes do Recife. Os couros e atanados seguiam via cabotagem, ao passo que as boiadas desciam ao litoral por um robusto sistema viário que conectava o Recife aos pontos estratégicos do interior, como a feira de gados de Goiana e o agreste paraibano.

O circuito comercial se completava com o fornecimento recifense de crédito, suprimentos agrícolas, importados europeus e, sobretudo, da força de trabalho escravizada de origem africana, que chegava ao seu porto principalmente pelas mãos dos traficantes portugueses. Na segunda metade do século XVIII, a integração econômica regional pelo Recife foi favorecida não apenas pela agroexportação, como também pelo crescimento urbano e pelo seu abastecimento, produzindo uma relação de interdependência entre cidades litorâneas e interiores, como observou um capitão-mor do Rio Grande do Norte ao destacar a importância dos pescados e gados dessa capitania para o abastecimento interno e para a cadeia produtiva regional.

> [...] as margens dos mares [do Rio Grande do Norte] são de grande utilidade à praça de Pernambuco [Recife], e ainda a da Paraíba, que é socorrida do pescado que anualmente vai desta Capitania [do Rio Grande do Norte], e padeceria a mesma Praça se também anualmente não fossem desta Capitania mais de cinco mil cabeças de gado, e antes da rigorosa seca que se experimentou, mais de quinze; os engenhos padeceriam e ficariam frustradas as moagens, se desta Capitania lhe não fossem continuamente novilhos para carros e animais cavalares para as ditas moagens daqueles que não são de águas, pois a maior parte são de bois.[4]

Em que pese o crescimento de outras atividades econômicas, como a exploração madeireira e a pesca, a grande estrela desse "renascimento" do Norte do Brasil foi mesmo o algodão, mormente depois das graves secas que abateram a pecuária cearense no fim do século XVIII. A independência das 13 colônias na América do Norte e os conflitos que se seguiram provocaram graves choques de oferta da planta em um contexto de escalada da demanda por causa da Revolução Industrial. Isso foi uma janela de oportunidade para a América portuguesa. As capitanias do Norte foram as mais beneficiadas e o algodão chegou a suplantar o açúcar, ocupando mais de 80%

de toda a produção exportada pelo Recife no ano de 1816. O produto vinha principalmente do norte de Pernambuco, do agreste paraibano do Rio Grande do Norte e Ceará, áreas mais secas e propícias àquela cultura. De acordo com Evaldo Cabral de Mello, o principal comprador era a Inglaterra, que "absorvera de 1796 a 1801 dois terços das reexportações portuguesas de algodão",[5] passando a comprá-lo diretamente ao Recife a partir de 1808, com a abertura dos portos.

Aliás, o impacto da liberdade comercial proporcionada pela abertura dos portos foi tão intenso que, em 1823, 66% de tudo que saia do Recife era comercializado, sem qualquer intermediação de Portugal, com países como Inglaterra e França. Para a antiga metrópole iam modestos 10% do volume total de exportações da região. Essa abrupta projeção dos algodoais ocasionou mudanças geopolíticas internas e externas. No plano externo, a região passou a ser uma parceira preferencial dos comerciantes ingleses no Brasil. Internamente, a mata norte pernambucana, aliada às camadas urbanas do Recife e de Goiana, à Paraíba, ao Ceará e ao Rio Grande do Norte, apropriou-se firmemente da liberdade conquistada desde 1808, tornando-se o principal foco do autonomismo provincial. Na prática, recusavam retrocessos que pudessem prejudicar os negócios com outros países e implicassem um retorno à objetiva condição colonial baseada no exclusivo comercial com a metrópole. Com isso, distanciaram-se da grande lavoura açucareira, potencialmente mais conservadora e monarquista porque vinculada aos traficantes de Lisboa, de quem dependiam para o fornecimento de crédito e de escravizados.[6]

Porém, junto com a prosperidade econômica veio também a pressão fiscal daquela que parecia ser uma nova metrópole... o Rio de Janeiro. Vivendo uma guerra onerosa contra a França napoleônica, cujos combates chegaram à América com a invasão lusa da Guiana Francesa, e tendo uma corte suntuosa para manter na Baía da Guanabara, o aumento da carga tributária sobre o ultramar foi um caminho inevitável para a Coroa. Como o tratado de abertura dos portos com a Inglaterra prejudicava a taxação das importações, os alvos do fiscalismo régio no Norte foram sobretudo as produções de açúcar e algodão. Suas rubricas eram as mais variadas, como taxas para financiamento da iluminação pública na Corte e para a reconstrução de Lisboa, e até o famigerado imposto de 10% sobre o algodão, cuja taxação atingia a marca de 20% quando somada aos dízimos também pagos.[7]

O descontentamento com o parasitismo fiscal do Rio e o aumento dos preços se generalizou entre parte dos grupos senhoriais e, principalmente, nas camadas urbanas, militares e entre comerciantes luso-brasileiros, misturando-se ao autonomismo arraigado e às ideias libertárias que circulavam sorrateiramente pela região desde o século anterior. O resultado foi a insurreição de março de 1817, cujo objetivo imediato era garantir isenções e perdões fiscais que preservassem não apenas os cofres do governo local, mas as propriedades e bens (inclusive os escravizados) das elites sob risco do confisco. A "segunda restauração de Pernambuco" – como foi chamada por panfletários do período numa nítida alusão às mitificações nativistas da reconquista do Norte perante os holandeses no século XVII – logo reuniu adeptos nas capitanias vizinhas, que derrubaram governadores régios com fulcro no potente argumento do querer "governar-se por si".

Segundo o historiador João Paulo Pimenta, apesar de assumir formas republicanas, o projeto de 1817 foi "politicamente vago e pouco articulado".[8] Com exceção da Paraíba, o sistema camarário português, de base senhorial, foi mantido nas demais capitanias como elementar ao exercício do poder. A igualdade de direitos para todos os habitantes, incluindo os escravos, foi assunto deliberadamente evitado, pois causava a antipatia das oligarquias rurais e punha em risco a ordem interna que se queria preservar. Por isso, na efêmera experiência de 1817, prevaleceu a excludente concepção do "cidadão-proprietário rural", herdada do pensamento fisiocrático e adaptada pelo padre e líder João Ribeiro, que creditava à agricultura e à propriedade rural o papel de fundamentos da vida civil e política.[9]

Mas, afinal, eram mesmo confusos esses homens de 1817? O que eles queriam? Alguns anos mais tarde, em 1821, o comandante da reação monárquica, general Luís do Rego Barreto, que se tornaria governador de Pernambuco (1817-1821) após a derrubada do movimento, esclareceu o que os "patriotas" do Norte tinham em mente: "uma voz de independência, não propriamente de uma separação absoluta, mas o seu fito era, a meu parecer, um Governo Federal, deixando cada Capitania governar-se por si, e por o que eles chamavam Patrícios".[10] Mais do que a forma de governo (república ou monarquia), parece ter sido o regime e a organização do Estado as pautas que mais animavam 1817. A forma federativa, que garantia a autonomia provincial, e a imposição de limites claros ao exercício do poder central, via regime constitucional, foram as balizas mais urgentes e afinavam-se com as experiências e expectativas daqueles revolucionários. Recombinações seletivas e originais na "Era das Revoluções", para usar expressão cara a um famoso historiador.[11]

Tais princípios foram transcritos na *lei orgânica*, que trazia ainda a previsão de separação de Poderes como prevenção ao despotismo. Para o historiador Luiz Geraldo da Silva, influências teóricas e práticas para o movimento não faltaram, desde a Revolução das Treze Colônias inglesas – cuja experiência confederada inicial pareceu mais simpática aos olhos da tradição patrícia das capitanias do Norte do que o centralismo unitário da Revolução Francesa – até os constitucionalismos hispânicos inaugurados por Cádiz e os experimentos federalistas nas Províncias Unidas na bacia do rio da Prata. Em todos os casos, a releitura feita passava por um ponto nevrálgico: a preservação da gestão local sobre as fontes da riqueza provincial e sobre a sociedade por meio de uma organização político-administrativa de corte federalista e corporativo-elitista.

Entre abril e maio de 1817, contando com o envio de tropas da Bahia sob ordens do Conde dos Arcos e com decisivo apoio dos senhores de engenho da mata sul pernambucana e da comarca das Alagoas, de comerciantes e militares reinóis e de comunidades indígenas da região, a reação da corte joanina mostrou-se arrasadora. Seguiu-se uma série de rendições, prisões e até adesões realistas de quem havia jurado firmemente defender a "liberdade da pátria", entendida aqui não como o "Brasil", diga-se de passagem, mas uma comunidade política mais imediata – as capitanias do Norte.

O cárcere, o exílio, o confisco de bens ou o fim trágico de alguns dos rebeldes de 1817, como o suicídio de seu mentor intelectual, o padre João Ribeiro, no engenho Paulista, e a execução por crime de Lesa Majestade, em Salvador, do secretário do governo revolucionário, padre Miguelinho, abalaram profundamente parte das elites senhoriais, produzindo uma memória ressentida contra o *despotismo*, palavra entendida por muitos como a negação da liberdade praticada por governantes arbitrários e opostos às leis.

Não será à toa que 1817 permanecerá como referente dos comportamentos políticos nas províncias do Norte durante o processo da Independência, sendo recuperado por todos os partidos, tanto por constitucionalistas quanto pelos chamados "anticonstitucionalistas", que creditavam a tais novidades a violação da soberania régia e a raiz da anarquia e dos tumultos entre os povos pela quebra de uma ordem vista como "natural".

A CONSTITUIÇÃO (DES)ANIMA OS POVOS

O burburinho sobre a eclosão da Revolução do Porto (1820) e a convocação de uma assembleia geral em janeiro de 1821 chegou às capitanias do Norte, causando desconfianças ou simpatias apaixonadas. Influenciada por processo semelhante ocorrido na Espanha, que obrigara o rei Fernando VII a jurar a Constituição de Cádiz, os revoltosos pretendiam "regenerar" o reino de Portugal através da derrubada do despotismo. Ainda vivendo os traumas da invasão napoleônica e suas consequências, eles exigiam o retorno imediato do rei D. João VI a Lisboa (uma pauta compartilhada com outros setores da sociedade portuguesa, como a aristocracia) e a adoção de um novo pacto político erguido sobre dois pilares: a soberania nacional e a elaboração de uma constituição, documento escrito, solene e emanado da vontade da Nação. Tudo muito inovador à época.

De fato, em fevereiro de 1821, ainda no Rio de Janeiro, um pressionado D. João jurou preventiva e provisoriamente a Constituição de Cádiz (1812) e embarcou de volta a Portugal. No mês seguinte, ainda sem representação das possessões ultramarinas, os deputados peninsulares aprovaram as "Bases da Constituição da Monarquia Portuguesa", documento preparatório da futura Carta Magna que, segundo a historiadora Márcia Regina Berbel, consolidou a vitória do liberalismo vintista sobre a aristocracia de linhagem nos debates da Constituinte. Com as "Bases" restou definido um expressivo campo de direitos individuais, a nova organização do Estado, que não somente separava Poderes como previa a existência de funções e competências específicas e, principalmente, estabelecia a limitação do Poder Régio (Poder Executivo), cujo veto sobre as leis criadas pelos representantes do povo nas Cortes (Poder Legislativo) teria efeito apenas suspensivo, e jamais absoluto.

O documento também trazia uma concepção de "Nação Portuguesa" como corpo político mais amplo e agregador, pois pretendia reunir "os portugueses de ambos os hemisférios", superando e combatendo, em nome da unidade da "Nação", a visão estamental e a desigualdade entre portugueses da Europa e da América, e identidades particularistas como aquelas atreladas ao local de nascimento (naturalidade) e ao pertencimento a pequenas comunidades cujos membros possuíam um passado comum – as "pátrias-chicas".

Ao estender a identidade portuguesa às populações não nascidas no reino de Portugal, os deputados faziam um nítido aceno ao Brasil e aos seus "patrícios".

Um segundo aceno de Lisboa foi a aprovação do projeto "integracionista" de outubro de 1821, que autorizou a elevação à categoria de província, com mesmo *status* das de Portugal, a todas as capitanias do Brasil que aderissem à "causa geral da Nação Portuguesa". Posteriormente, o projeto mostrou-se uma "faca de dois gumes", pois, à medida que autorizava a destituição de todos os governadores régios e a substituição por Juntas Provisórias compostas localmente, retirava das novas províncias toda autoridade militar, que passaria a ser exercida por comandantes nomeados e subordinados diretamente às Cortes. Na América portuguesa, o Pará e a Bahia foram os primeiros a aderirem às Cortes, já em janeiro e fevereiro de 1821, respectivamente. Berbel pondera ainda que a anuência dos deputados do Brasil ao "projeto integracionista" visou afastar o risco de uma agressão lisboeta às capitanias do Brasil, criando um ambiente mais propício à convergência, já que a desconfiança era sabidamente mútua nas Cortes.

Mas, nas "partes do Norte", governadores régios e grupos pouco dispostos a transformações abruptas resistiram. Foi o caso do governador da Paraíba Joaquim Rebelo da Fonseca Rosado, que recebeu a boa-nova em abril de 1821, mas não jurou nem mandou jurar a futura Constituição, fazendo-o apenas por imposição de militares da província aderentes às Cortes.[12] Em agosto de 1821, o vigário e capitães-mores da vila nova de Sousa, no sertão da Paraíba, também se negaram a "abraçar a causa geral", no que foram persuadidos por uma comitiva enviada pela câmara da capital, que jurara as "Bases" em junho daquele ano. Também foram registradas resistências anticonstitucionais na vila do Brejo de Areia e na sertaneja vila do Rio do Peixe, ambas na Paraíba. No Ceará, o governador Jerônimo Delgado Rubim, que tentou manipular a escolha do governo provisório, foi logo derrubado por um levante da soldadesca, apesar da resistência absolutista no Crato, onde a constituição era chamada de "lei do diabo".

Nas províncias do Norte, é certo que as Cortes Gerais reavivaram a agenda revolucionária, ainda mais quando os deputados aprovaram a anistia para os participantes de 1817, e que ainda se achavam presos na Bahia. Esse regresso favoreceu o rearranjo das forças políticas locais, dessa feita influenciadas pelas querelas do vintismo e pela memória traumática da repressão monárquica que veio do Rio. Em Pernambuco, elas se concentraram na mata norte e fizeram da vila de Goiana, na fronteira com a Paraíba, o epicentro da pressão sobre o general Luís do Rego Barreto, governador muito malquisto por sua atuação pró-Coroa em 1817. Ao usar subterfúgios para controlar o avanço liberal-constitucionalista, Rego Barreto deu munição para uma ressentida oposição que passou a militar pela sua queda, inclusive junto à delegação de deputados que já se encontrava em Lisboa desde setembro de 1821.

Isolado, o governador reinol pediu ajuda armada da Paraíba para enfrentar os goanistas, que tratavam combates na mata norte e tinham formado uma junta de governo paralela (a Junta Goiana) para pressionar pelo estabelecimento de um governo constitucional na província. O coronel Rebelo Rosado, governador da Paraíba, até quis socorrer o colega com a cavalaria e o batalhão de índios, mas foi impedido pela câmara da cidade da Paraíba e pelo conselho de governo, ambos compostos pela elite municipal, que se recusou a "marchar a Força Militar desta província contra Cidadãos seus irmãos e seus vizinhos". Acompanhando de perto o desenrolar dos conflitos entre Rego Barreto e a "Junta Goiana" em Pernambuco, os "homens bons" da cidade da Paraíba, reunidos na Igreja Matriz com vereadores de outras municipalidades, decidiram, em 25 de outubro e numa visível inversão da balança de poderes na província, eleger um governo provisório e depor o tenente-coronel Rebelo Rosado, convencidos de que este estaria melhor bem longe dali.[13]

Mais ao sul, apesar de assinada pelo governador, a famosa convenção de Beberibe era, na verdade, uma vitória dos goianistas e denotava a queda de Rego Barreto, que sairá da província em 26 de outubro de 1821, abrindo caminho para a eleição, via colégio eleitoral, do primeiro governo constitucional em Pernambuco. A junta de governo foi presidida por Gervásio Pires Ferreira, um negociante reinol radicado no Recife e que estivera entre os exilados da Bahia. A junta de Gervásio, que ficou conhecido por seu federalismo moderado, governou Pernambuco até setembro de 1822, quando foi derrubada por uma sedição militar articulada pelo príncipe D. Pedro em parceria com setores "unitários" da província. Para o historiador Denis Antônio Bernardes, a junta de Gervásio foi o período áureo do constitucionalismo luso-brasileiro nas províncias do Norte, quando um governo local com larga autonomia implantou uma série de inovações político-administrativas, como as reformas fiscal e administrativa e a criação de uma inspetoria de obras públicas.

Analisando o caso da Paraíba, a historiadora Serioja Cordeiro Mariano conta-nos que a junta de governo, composta por "homens bons" com relações públicas com as fileiras de 1817, enfrentou uma cabala anticonstitucionalista também integrada por ricos senhores locais, como João Alves Sanches Massa e Mathias da Gama Cabral, que conseguiram agitar e provocar tumultos realistas na vila de Itabaiana, no agreste paraibano. Mariano descreveu a falta de unanimidade entre as classes dirigentes em um contexto acirrado e imprevisível. Porém, também ressaltou que essas divergências *interpares* não foram o simples reflexo de posturas ideológicas inegociáveis e defendidas a "ferro e fogo". As tramas locais, sedimentadas por antigos e novos ódios em torno do mando sobre patrimônios, cargos e clientelas locais, foram componentes basilares da escolha feita por cada potentado em um cenário em que mudanças de lado e reconversões não foram incomuns.

Um ponto de contínua querela foi a premiação com patentes militares e remunerações aos que haviam lutado na contrarrevolução de 1817, pois as Juntas Governativas, em franca represália aos inimigos de outrora e com apoio das Cortes em Lisboa, pediram ao rei D. João VI o cancelamento de promoções concedidas, o que gerou muito mal-estar e azedou ainda mais os ânimos. Um anticonstitucionalista inveterado, sargento-mor do regimento de milícias de brancos na Paraíba, confessou que, "se jurara a Constituição fora por ser obrigado, pois estava certo de que a mesma Constituição era um desaforo e os seus autores uns malvados".[14] Por outro lado, lembre-se que, apesar das críticas ao despotismo dos auxiliares do rei (nunca a este de maneira explícita), neste momento, ninguém se dizia abertamente a favor de uma separação total de Portugal. As Juntas não foram eleitas para realizar esse propósito. Pelo contrário, seu objetivo era a "Regeneração" da "Nação Portuguesa", seguindo o exemplo das Cortes!

Por isso, fiando-se nos relatos das Juntas Governativas e de algumas câmaras das províncias do Norte, como a da cidade da Paraíba, o ano de 1821 teve um clima de entusiasmo com as Cortes e com a futura Constituição, que contavam com a participação ativa dos deputados eleitos para representar as localidades e forjar a partir destas o esquema da unidade nacional dos dois lados do Atlântico. Por isso, o partido constitucional da Paraíba não se demorou a afastar as "infames cores da revolução" e a rechaçar veementemente sua vinculação com separatismos. Segundo diziam, essas artimanhas partiam dos "inimigos da Nação", que lhes tributavam a pecha de "serem rebeldes, e que não querem senão independência".

Além disso, as mentiras dos "despóticos" visavam estimular agressões e o derramamento de sangue entre europeus e americanos na província, agitando principalmente a plebe "que não sabe refletir", diziam os vereadores da Paraíba.[15] Como se observa, o calor e a rapidez dos acontecimentos, atiçados pelas memórias de 1817, revelam a latência do tema da ruptura com os Bragança mais como peça acusatória nos jogos políticos locais do que como um *primum mobile* capaz de organizar uma agenda separatista. Havia outras prioridades, como a definição dos termos da Constituição, que poderiam abrigar plenamente as reinvindicações das elites provinciais. A Constituição foi, portanto, o barômetro de todo o processo nas províncias do Norte.

De sua parte, os autodeclarados "amigos da Constituição" afirmavam estar compromissados com a "Causa Geral" da nação portuguesa e com a monarquia constitucional em gestação. Com isso, avançado o ano de 1821, com a garantia da autonomia provincial, especialmente em matérias de liberdade econômica e de gestão fiscal e político-administrativa, o *status quo* liberal, que compunha o grosso das Juntas Governativas na região, parecia bem representado e adstrito às Cortes lisboetas. Entretanto, tudo passou a mudar ao longo do ano seguinte, a começar pela decisão de D. Pedro de permanecer no Brasil, desobedecendo a ordens expressas das Cortes. O "Fico", de janeiro de 1822, abrira mais um flanco nas relações estremecidas entre os governos do Rio de Janeiro e de Lisboa. Por outro lado, também criara um campo de afinidades possíveis entre o príncipe regente e as províncias mais distantes da Baía da Guanabara, reduzindo, ao menos temporariamente, os justos receios acerca de seu comprometimento com o absolutismo.

Em Lisboa, o pomo da discórdia entre os deputados americanos e peninsulares passou a ser o tema da integração econômica do Império e o novo lugar a ser ocupado pelo Brasil. O "programa" dos Andrada fazia a defesa do Brasil como reino e a permanência de D. Pedro como seu regente, uma ideia que em si tinha pouca capacidade de atrair o Norte, especialmente sua maior província, Pernambuco, cujas elites não guardavam boas lembranças da casa reinante. Porém, o "programa paulista" também sabia o que não queria, recusando a proposta dos deputados lisboetas, que queriam a formação de um "mercado nacional português" fundado na especialização econômica, na complementaridade entre as partes do Império e na proteção dos produtos contra a concorrência estrangeira.

O protecionismo dessa proposta, veiculada por políticos como Borges Carneiro, embora pudesse agradar praças menores, afrontava a sólida defesa do livre-comércio feita pelas principais praças mercantis do Brasil – Rio de Janeiro, Salvador e Recife –, que não aceitavam retrocessos à abertura dos portos. O cisma a respeito da política econômica da "Nação Portuguesa" parece ter sido um dos pontos centrais de uma aproximação entre os deputados de Pernambuco, Bahia e das províncias do Sudeste, o que deu forças ao programa de José Bonifácio para a manutenção e reforma do Reino Unido, com constituição, união federativa e liberdade comercial ao Brasil.

Some-se a isso o espanto generalizado provocado pela invasão da Bahia, em maio de 1822, ordenada pelas Cortes, que se fez verdadeiro "poder executivo", contrariando não somente as "Bases" como a posição majoritária dos deputados luso-brasileiros. No mês seguinte, D. Pedro fez seu gesto mais importante ao convocar uma assembleia constituinte em solo brasileiro. Segundo Barman, o receio de outros ataques às províncias do Brasil e a nova postura do príncipe regente, que assumira a face de chefe constitucional de um poder executivo separado, galvanizou a viabilidade da unidade a partir do Rio de Janeiro e alterou por completo o teatro das alianças entre as elites das províncias. A notícia da Assembleia Constituinte luso-brasileira chegou às Cortes em agosto de 1822. Ato contínuo, os deputados paulistas em Lisboa pediram o cancelamento de suas representações alegando que "as províncias de Minas Gerais, São Paulo, Rio de Janeiro e algumas outras estão em dissidência com Portugal". Os deputados baianos, com exceção Luís Paulino, fizeram o mesmo no raiar de setembro.[16]

Mas é preciso ressaltar que, para as províncias do Norte, em especial Pernambuco, "o que garantiu a unidade não foi a pessoa do príncipe, mas a promessa da constituição, emanada da representação soberana da Nação".[17] A junta dos matutos – composta de senhores de engenho sem fidelidade imediata às Cortes ou ao Rio, após a deposição da junta de Gervásio, em setembro de 1822 – jurou adesão à causa do Brasil em 17 de outubro. Porém, em dezembro desse mesmo ano, aproveitando o embalo da cerimônia de reconhecimento da aclamação de D. Pedro como imperador do Brasil na província, os federalistas pernambucanos não deixaram de passar o recado, mandando registrar em ata os termos de uma adesão condicional ao projeto de Independência estacionado na Quinta da Boa Vista, no Rio. Foi Evaldo Cabral de Mello quem recuperou a riqueza do relato. Disseram o seguinte:

> [...] medida tomada pelos povos do Rio de Janeiro e por eles transmitida às mais províncias do Brasil, não só era necessária como indispensável à segurança do reino do Brasil, por competir só ao rei constitucional os atributos do poder executivo; e que por isso manifestavam ser a sua livre vontade e a de todo o povo em geral desta província, desligar-se para sempre de Portugal, por ter sido por ele sempre cruelmente ofendido nos seus direitos, e por ser livre a qualquer parte integrante de alguma nação, que muda o seu pacto social e forma de governo, separar-se, se as condições do novo pacto não forem recíprocas, ou lhe não agradarem.[18]

O recado não poderia ser mais evidente. Aquele Estado nascente estava firmado sob um contrato social entre o governante e os governados afiançado em um lastro era liberal-constitucionalista. Se quebrado, restaria autorizada a separação da parte ofendida. Foi assim que ocorrera com a já ex-metrópole, revelando, por sua vez, uma aproximação entre os modernos contratualismos e os emergentes constitucionalismos cuja criação mais eloquente era a concepção segundo a qual a Nação fundava o governante, e não o contrário. Toda a confiança depositada no monarca residia na esperança inafiançável no regime constitucional e na obediência incontornável de seus termos pois, como posteriormente dirá frei Caneca: "a massa da província aborrece e detesta todo governo arbitrário, iliberal, despótico e tirânico, tenha o nome que tiver, venha revestido da força que vier".[19]

O padre revolucionário exagerou quanto a unanimidade dessas ideias em Pernambuco e nas províncias do Norte; afinal, o projeto "Pedrino" já havia convencido muitos, inclusive ex-patriotas de 1817. Mas ele acertou no que se refere à sua capacidade contestatória quando o pacto com os Bragança e com o Rio de Janeiro viveu sua prova de fogo perante o progressivo centralismo do Imperador, que daria um golpe de Estado em novembro de 1823 ao fechar a Assembleia Constituinte, conduzindo o país para uma concepção unitária que apenava as "liberdades provinciais", especialmente em matéria de autogoverno. O retorno dos governadores nomeados pelo poder central, agora chamados "presidentes de província" pela Constituição outorgada de 1824, e o fim das Juntas foram a gota d'água. A alternativa federalista de 1824 e seus desdobramentos nasceram dessa ruptura na frágil amarração liberal-constitucional que permitiu a aproximação entre as províncias do Norte e as províncias do Sul.

Em 1824, passado mais de um ano desde a aclamação do rei que deveria ser constitucional, a quebra do compromisso prejudicou o embarque das províncias do Norte no projeto de independência do Rio de Janeiro e reestabeleceu as tensões entre os grupos que tinham afiançado a separação de Portugal. Foi Cipriano Barata, jornalista republicano de pouso pelo Recife naqueles tempos, quem sintetizou como ninguém o que estava em jogo, afinal, "nós não temos feito este Império para meia dúzia de famílias do Rio de Janeiro, São Paulo e Minas Gerais desfrutarem [...] nós somos livres, as províncias são livres, o nosso contrato é provisório e não está concluído".[20]

O FIM? NÃO, O COMEÇO!

A experiência da independência nas províncias do Norte foi assinalada por uma incrível mistura de vontades conflitantes e pela complexidade dos alinhamentos possíveis nos níveis local e global. Isso foi válido enfaticamente para as elites senhoriais, para quem o sentimento de conservar a liberdade de "governar a si mesmo" (e não seria também governar os outros?) germinou um turbilhão de visões de mundo que não podem ser desconsideradas em uma análise consistente do processo da Independência nas "partes do Norte".

Embora não tenha sido o foco desse capítulo, seria incorreto dizer, como fizeram os vereadores da Paraíba, que os setores subalternizados, como indígenas, mestiços, africanos e seus descendentes, em seus mais diversos agrupamentos socioeconômicos e políticos, "não sabiam refletir". Sabiam, e não somente refletiram como agiram. A soldadesca mestiça pressionou pelo aumento e pagamento regular dos soldos e contra as arbitrariedades dos superiores; as comunidades indígenas ocuparam-se da manutenção de suas aldeias e da vida comunal diante de parcialidades nem um pouco confiáveis. Escravizados lutaram guerras em troca de alforria e outros ganhos. Estando-lhes fechadas as portas dos palácios provinciais, levaram a política para a rua, para a praça e para o *front* em abertura realmente inovadora do espaço público e das sociabilidades políticas na sociedade escravista.

A historiografia recente parece ter chegado a ao menos uma conclusão provisória: conflitos como os de tropa e povo, envolvendo os subalternos da ordem escravista e que estouraram durante todo o processo da Independência, a exemplo dos combates raciais de 1823 liderados pelo capitão mestiço Pedro da Silva Pedroso, governador de armas em Pernambuco (conhecidos como "Pedrosada"), estiveram no cerne da adesão dos senhores "do Norte" ao projeto "Pedrino" de 1822, que prometia ruptura institucional com Portugal sem perturbar a estabilidade interna por meio de um Estado monárquico centralizado.

Notas

[1] HOLANDA, Sérgio Buarque de. A herança colonial – sua desagregação. *História Geral da Civilização Brasileira*. Tomo II: O Brasil Monárquico. Volume 2 – O processo de emancipação. 14. ed. Rio de Janeiro: Bertrand Brasil, 2012, p. 14.

[2] BERNARDES, Denis Antônio de Mendonça. Pernambuco e sua área de influência: um território em transformação (1780-1824). In: JANCSÓ, István. *Independência*: história e historiografia. São Paulo: Hucitec, 2005, p. 380.

[3] BARMAN, Roderick. *Brazil*: the forging of a nation, 1798-1852. Stanford: Stanford University Press, 1988, p. 47.

[4] *Ofício do capitão-mor do Rio Grande do Norte, Caetano da Silva Sanches, ao secretário da Marinha e Ultramar, Dom Rodrigo de Sousa Coutinho*. Arquivo Histórico Ultramarino – Rio Grande do Norte, caixa 8, documento 511 (1 mar. 1799, Natal). A transcrição paleográfica atualizou a grafia do documento.

[5] MELLO, Evaldo Cabral de. *A outra independência*: o federalismo pernambucano de 1817 a 1824. 2. ed. São Paulo: Editora 34, 2014, p. 60.

[6] Embora não deva ser tomada à risca, esta divisão na lavoura exportadora terá relevância na geografia política da Independência nas províncias do Norte, especialmente no contexto dos constitucionalismos luso-brasileiros entre 1820 e 1824.

[7] Tollenare fez um extenso inventário dos impostos, velhos e novos, cobrados pela Corte joanina ao restante da América portuguesa. TOLLENARE, Louis-François de. *Notas dominicais*. Recife, 1891, pp. 132-133.

[8] PIMENTA, João Paulo. A política hispano-americana e a crise do Império Português (1810-1817): vocabulário político e conjuntura. In: JANCSÓ, István Jancsó (org.). *Brasil*: formação do Estado e da nação. São Paulo: Hucitec, 2003, pp. 123-139.

[9] Uma acanhada liberdade religiosa e a liberdade de impressa foram contempladas pela *lei orgânica* de 1817, principal instrumento legal do movimento e que buscou preparar os povos para uma vindoura ordem.

[10] Arquivo História Ultramarino – Pernambuco, caixa 281, documento 19148 (Recife, 20 de maio de 1821).

[11] HOBSBAWM, Eric. *A era das revoluções, 1789-1848*. Trad. Maria Tereza Lopes Teixeira e Marcos Penchel. Rio de Janeiro: Paz e Terra, 1991 [1977].

[12] Arquivo Histórico Ultramarino – Paraíba, caixa 49, documento 3450 (Paraíba, 27 de outubro de 1821).

[13] Arquivo Histórico Ultramarino – Paraíba, caixa 49, documento 3450 (Paraíba, 27 de outubro de 1821).

[14] Arquivo Histórico Ultramarino – Paraíba, caixa 50, documento 3452 (Paraíba, 12 de novembro de 1821).

[15] Arquivo Histórico Ultramarino – Paraíba, caixa 49, documento 3449 (Paraíba, 12 de outubro de 1821).

[16] Apud BERBEL, Márcia Regina. Os apelos nacionais nas cortes constituintes de Lisboa (1821/22). In: MALERBA, Jurandir (org.). *A independência brasileira*: novas dimensões. Rio de Janeiro: Editora FGV, 2006, pp. 202-203.

[17] BERNARDES, Pernambuco e sua área de influência, op. cit., p. 405.

[18] Apud MELLO, Evaldo Cabral de. *A outra Independência*: o federalismo pernambucano de 1817 a 1824. São Paulo: Editora 34, 2014, p. 115.

[19] Idem, p. 137.

[20] Apud LEITE, Glacyra Lazzari. *Pernambuco, 1824*: a Confederação do Equador. Recife: Massagana, 1989, p. 118.

Bibliografia

BARMAN, Roderick. *Brazil*: The forging of a nation, 1798-1852. Stanford: Stanford University Press, 1988.

BERBEL, Márcia Regina. *A nação como artefato*. São Paulo: Hucitec/Fapesp, 1999.

BERNARDES, Denis Antônio de Mendonça. *O patriotismo constitucional*: Pernambuco, 1820-1822. São Paulo: Hucitec, 2006.

CARVALHO, Marcus Joaquim. *Liberdade*: Rotinas e Rupturas do Escravismo no Recife, 1822-1850. 2. ed. Recife: Editora Universitária da UFPE, 1998.

DIAS, Maria Odila da Silva Leite. *A interiorização da metrópole e outros estudos*. 2. ed. São Paulo: Alameda, 2005.

HOBSBAWM, Eric. *A Era das Revoluções, 1789-1848*. Trad. Maria Tereza Lopes Teixeira e Marcos Penchel. Rio de Janeiro: Paz e Terra, 1991 [1977].

HOLANDA, Sérgio Buarque de. A herança colonial – sua desagregação. In: _____. *História Geral da Civilização Brasileira*. Tomo II: O Brasil Monárquico. Volume 2: O processo de emancipação. 14. ed. Rio de Janeiro: Bertrand Brasil, 2012.

JANCSÓ, István. *Independência*: história e historiografia. São Paulo: Hucitec, 2005.

LEITE, Glacyra Lazzari. *Pernambuco, 1824*: a Confederação do Equador. Recife: Massagana, 1989.

MALERBA, Jurandir (org.). *A independência brasileira*: novas dimensões. Rio de Janeiro: Editora FGV, 2006.

MARIANO, Serioja Rodrigues Cordeiro. *Gente opulenta e de boa linhagem*: família, política e relações de poder na Paraíba (1817-1824). João Pessoa: Editora UFPB, 2013.

MELLO, Evaldo Cabral de. *A outra Independência*: o federalismo pernambucano de 1817 a 1824. São Paulo: Editora 34, 2014.

NEVES, Lúcia M. Bastos P. *Corcundas e constitucionais*: a cultura política da Independência (1820-1822). Rio de Janeiro: Revan/Faperj, 2003.

TOLLENARE, Louis-François de. *Notas dominicais*. Trad. Alfredo de Carvalho. Recife: Instituto Arqueológico, Histórico e Geográfico de Pernambuco, 1906.

A guerra de Independência

HELIO FRANCHINI

Em outubro de 1822, o Conselho de Procuradores, órgão consultivo do recém-estabelecido Império do Brasil, realizou um debate sobre a conveniência de se abrir hostilidades contra Portugal, que não aceitara a declaração de independência, feita no mês anterior, de sua maior e mais importante colônia. A decisão foi afirmativa: "que a Guerra se fizesse de fato".[1] Em poucos meses, uma parte significativa do território brasileiro estaria envolvida, direta ou indiretamente, em combates que aconteciam, ao mesmo tempo, na Bahia, no Piauí, no Maranhão, no Pará e na Cisplatina. Cerca de 60 mil soldados estiveram em combate no que podemos chamar de guerra de Independência do Brasil. Foram grandes mobilizações militares, sem as quais dificilmente D. Pedro teria mantido todo o território do antigo Reino do Brasil sob a soberania do Império recém-emancipado.

UMA GUERRA DE INDEPENDÊNCIA BRASILEIRA?

A ideia de que houve, em 1822-1823, uma guerra de Independência[2] pode parecer inicialmente estranha, mas foi o que de fato ocorreu, em razão da disputa entre Rio de Janeiro e Lisboa pelo controle do poder político e dos territórios do que hoje é o Brasil. As operações militares romperam o impasse político em muitas províncias e contribuíram para manter as conquistas do Rio de Janeiro de D. Pedro. Elas mobilizaram milhares de luso-brasileiros (expressão mais conveniente para a época, já que ainda não havia uma identidade nacional "brasileira"), de todas as regiões, e estrangeiros, consumiram recursos de grande monta e resultaram em milhares de mortes e de feridos.

> **O vintismo e a Revolução do Porto (1820)**
>
> Nas primeiras décadas do século XIX, a Europa estava tomada por ideias liberais. Portugal não foi uma exceção nesse cenário. Em agosto de 1820, surgiu no Reino português um movimento político chamado vintismo, que passou a designar, genericamente, alguns grupos políticos identificados com o liberalismo. Os vintistas, formados em grande parte por profissionais liberais e militares, queriam ampliar a sua participação no teatro político – desejavam o fim do absolutismo, a retomada da exclusividade comercial com o Brasil (uma espécie de recolonização), a elaboração de uma constituição e o imediato retorno do rei D. João VI para Portugal. É importante dizer que o movimento, embora nascido em Portugal, também se manifestou no Brasil. Ele estava presente em várias capitanias. Mas aqui, os vintistas, não raro, eram contrários a outro poder central, o do Rio de Janeiro. Em Portugal, os vintistas tiveram um papel importante na principal revolução liberal ocorrida em Portugal, a Revolução do Porto, que eclodiu em 24 de agosto de 1820. Essa revolução teria consequências importantes para o futuro de Portugal e do Brasil. Foi ela, por exemplo, que culminou no retorno da Corte portuguesa para Portugal, em 1821, e no fim do regime absolutista em Portugal, mediante a redação e a instalação da primeira Constituição Portuguesa, em 1822.

Não houve, dessa forma, como às vezes se pensa, um "Brasil" que se "divorciou pacificamente" de Portugal, quase que em um negócio de "pai para filho" e sem grandes repercussões. A guerra, na verdade, foi parte de um contexto maior, de um conflito político que vinha sendo gestado há muitos anos e que teve como estopim a Revolução do Porto, ocorrida dois anos antes, em 1820, em Portugal. Esse movimento revolucionário português criou um ambiente de incertezas, confusão e, principalmente, conflito político.

A CHEGADA DA CORTE E AS DIFERENÇAS REGIONAIS

Como observado nos capítulos anteriores, as 19 capitanias (depois províncias) haviam vivido séculos de realidades separadas. Elas tinham identidades específicas e práticas regionais, todas mais ligadas diretamente à Coroa do que entre si. Havia, logicamente, grande circulação de pessoas e trocas de diferentes tipos entre as regiões, desde as políticas até as econômicas, mas, em essência, o Norte e o Sul da colônia tinham experiências distintas. Isso era sentido até mesmo nas distâncias: do Maranhão, por exemplo, era mais fácil chegar a Lisboa do que ao Rio de Janeiro, em razão das correntes marítimas e dos regimes de ventos do Atlântico central.

Tampouco existia uma identidade "brasileira" pré-formada. O que prevalecia, essencialmente, eram identidades regionais, casadas com a ideia de ser "português". Pernambuco possuía, por exemplo, uma realidade muito própria, alimentada pela memória da resistência da ocupação holandesa, que se traduzia em uma identidade local forte e em uma constante luta por sua autonomia. Havia, assim, uma permanente tensão entre a centralização do poder pretendida pela Coroa portuguesa e o desejo de autonomia local.

A chegada da Corte, em 1808, alterou apenas em parte essa realidade. Oficialmente, a colônia foi extinta em 1815, quando o Brasil foi elevado a Reino e se tornou, assim, uma entidade em pé de igualdade com o Reino de Portugal. Ambos estavam conectados pela soberania exercida pelo rei, daí o nome de "Reino Unido". O Rio de Janeiro, na prática, tornou-se a capital de todo o Império Português, suscitando, inclusive, reações da parte europeia, que havia perdido seu *status*.

Regionalmente, no entanto, houve importantes disparidades nos impactos da presença da Corte. A região Centro-Sul (São Paulo, Minas Gerais e Rio de Janeiro) beneficiou-se das mudanças que caracterizaram a "interiorização" da nova metrópole: além de se tornar capital do Reino Unido, as necessidades de suprimento de bens e de pessoal abriram novas oportunidades, inclusive em cargos públicos, e também acesso ao poder, alterando o *status* social de vários grupos.³ Não se sabia, claro, até quando o Rio de Janeiro continuaria desfrutando daquele *status*, mas era muito pouco provável que as elites locais abrissem mão de todos os benefícios advindos da nova configuração política.

No Norte do Reino, por outro lado, as vantagens foram menores. Ao contrário do que acontecera na região Centro-Sul, o reforço da ação centralizadora da Coroa e a elevação da cobrança de impostos, destinada a financiar a Corte, foram negativamente sentidos. Essas medidas alimentaram sentimentos de mudança, aos quais se somou a circulação de novas ideias, influenciadas pelo liberalismo ou pelas revoluções americana e francesa. Havia, em especial no Norte, um verdadeiro somatório de diferenças regionais.

Nesse contexto heterogêneo e já tensionado, a Revolução do Porto prometia, de fato, um modo de resistir e questionar o poder central do Rio de Janeiro. De um lado, prometia-se um regime político de inspiração liberal e fundado na soberania popular. De outro, parte dos apoiadores do vintismo buscava também reformas internas, essencialmente contra a centralização no Rio de Janeiro.

Na prática, no entanto, a Revolução do Porto agravou a conjuntura política do momento. Em primeiro lugar, a forma como as províncias do Norte aderiram aos ideais da Revolução do Porto rompeu a tradicional estruturada social e política da sociedade portuguesa, fundada no absolutismo, mas mostrou dificuldades em criar rapidamente uma nova realidade política, abrindo a porta para disputas políticas, para projetos distintos e conflitos. Houve, como aponta o historiador José Roberto de Arruda Machado, uma "quebra da mola real da sociedade", que alimentou a anarquia e, em muitas regiões, verdadeiras guerras civis.⁴

Paralelamente, as pretensões do vintismo de retomada do poder político por Lisboa, expressas nos trabalhos das Cortes Constitucionais portuguesas (a constituinte da época), afetariam o Rio de Janeiro (que perderia seu *status*) e romperiam as promessas de autonomia regional buscada pelas províncias. Isso fez com que as elites políticas e econômicas do Rio de Janeiro, engajadas na emancipação, se vissem obrigadas a agir o quanto antes a fim de evitar a perda de tudo o que haviam ganhado desde 1808.

A partir do momento em que o antes titubeante e indeciso regente D. Pedro decidiu "ficar" no Brasil, em janeiro de 1822 (enfrentando, no dia seguinte, uma revolta militar que tentou forçá-lo a embarcar), formou-se um núcleo que, liderado por José Bonifácio, congregou diferentes grupos políticos. Esses grupos tinham projetos políticos distintos para o Brasil, mas, no contexto das ameaças que vinham de Lisboa, se uniram na oposição comum às Cortes Constitucionais portuguesas.

O projeto de Bonifácio, é preciso dizer, não era de ruptura, mas de preservação da igualdade entre Lisboa e Rio de Janeiro. Era uma visão que não se afastava necessariamente das avaliações feitas pelos conselheiros de D. João VI quando da chegada da Revolução do Porto no Brasil, em 1820, os quais sugeriram não uma constituinte unificada em Lisboa, mas duas, uma também no Rio de Janeiro. O choque entre Lisboa e Rio de Janeiro acabou, no entanto, tornando o conflito inevitável e levando à Independência.

Tão importante quanto a disputa entre as duas capitais foi a gestão dos territórios e a busca por preservar ou conquistar cada uma das províncias brasileiras. A situação na Bahia, ao longo do primeiro semestre de 1822, por exemplo, esteve diretamente relacionada com a evolução da postura de D. Pedro. Não havia, no entanto, entre a elite política baiana e de outas províncias, especialmente as do Norte, apoio claro ou homogêneo ao Rio de Janeiro ou a Lisboa. Se observamos a situação em 1823, das 19 províncias do antigo Reino do Brasil, apenas Rio de Janeiro, São Paulo, Minas Gerais, Rio Grande e Pernambuco haviam oficialmente aderido a D. Pedro. Na maior parte, ou prevalecia ainda a lealdade às Cortes Constitucionais portuguesas (em razão das promessas de autonomia, diminuição de impostos e retomada de laços comerciais), favoráveis à Lisboa, ou havia discórdias significativas, mesclando disputas locais com choques entre apoiadores do Rio de Janeiro ou de Lisboa.

DOS CONFLITOS LOCALIZADOS AOS GRANDES TEATROS DA GUERRA

É exatamente no cruzamento entre a disputa de poder entre Lisboa e Rio de Janeiro e na situação instável e em grande medida caótica das províncias que surgiu o conflito que resultou na emancipação brasileira e na necessidade das operações militares em pontos estratégicos do então Reino do Brasil.

Para alcançar sua ambição de estender seu Império a todo o território das terras portuguesas na América do Sul, D. Pedro teria de conjugar a busca por adesões voluntárias ao Rio de Janeiro, fazendo promessas de autonomia às elites regionais, com pressões políticas. Em alguns casos, fosse pela força de Lisboa (inclusive com tropas), fosse por força de um conflito político interno ou guerra civil, seria necessário empregar o uso da força. A fim de preparar-se para as consequências da emancipação, D. Pedro mobilizou, entre 1822 e 1823, um contingente terrestre e naval de aproximadamente 30 mil a 40 mil soldados, uma força bastante substantiva, a qual seria, proporcionalmente à população da época, equivalente à mobilização da Guerra do Paraguai (1864-1870).

Lisboa, de sua parte, mobilizou ao longo de 1822-1823 cerca de 20 mil homens, parte significativa sendo enviada da Europa ao longo do conflito. Outra parte das tropas pró-Cortes constitucionais portuguesas era de nascidos no território americano, mas que foram incorporados à força ou voluntariamente. Não era um contingente desprezível, mas foi, de todo modo, insuficiente, em grande medida, pelo fato de que, a partir de meados do primeiro semestre de 1823, Lisboa se viu forçada a manter tropas na Europa em razão da ameaça, posteriormente concretizada, de invasão francesa da Espanha. O fluxo de tropas, especialmente para a Bahia, foi, por isso, interrompido. O conflito franco-espanhol também estimulou a chamada Vilafrancada, como ficou conhecido o contragolpe que encerrou o vintismo. Terminava, então, o motivo da guerra entre D. Pedro e as Cortes, apesar da disputa sobre a emancipação brasileira ter-se mantido até o reconhecimento da independência brasileira, por parte de Portugal, em 1825.

Entre 1822 e 1823, o que se registrou, portanto, foi uma convergência entre a disputa Lisboa-Rio de Janeiro e os diferentes conflitos locais nas províncias, unificados, a partir do 7 de setembro, por uma disputa maior, envolvendo a criação do novo Estado. Esses aspectos do confronto se concentraram em três pontos-chave do território nacional do então Reino do Brasil: na área central do território (Bahia); nas entradas dos principais rios ao norte (região Norte); e ao sul (Cisplatina).

As forças dos dois lados sofreram dificuldades de abastecimento, de organização e de mobilização de tropas. Os dois lados cometeram atrocidades e os dois participaram também em destruições. E os dois lutaram duramente, em grandes batalhas ou nas escaramuças diárias. Ao final, o resultado da guerra de Independência e a preservação da unidade do Império deveram-se, em grande medida, à condução das operações militares nas três áreas de operação.

AS OPERAÇÕES MILITARES
DA GUERRA DE INDEPENDÊNCIA: BAHIA

A batalha pela Bahia foi o ponto central da guerra. Trata-se de território-chave, estrategicamente colocado na junção entre o norte e o sul da anterior colônia, cuja posse influenciava diretamente a navegação entre as províncias. A Bahia tinha grande população (e potencialmente fonte importante de soldados), sua economia era relevante, sobretudo nas exportações (fonte de impostos para o governo), e Salvador, ex-capital, praticamente competia em importância com a então capital, o Rio de Janeiro.

A GUERRA DE INDEPENDÊNCIA

A manutenção da unidade do Reino do Brasil passava pelo domínio da Bahia. Em 1822-1823, quem terminasse dominando o território baiano teria influência direta sobre o futuro das províncias do Norte, inclusive de Pernambuco. Caso Lisboa lograsse preservar a Província da Bahia, possivelmente teria capacidade de atacar Recife. Também teria uma ponta de lança para apoiar Maranhão e Pará nas ações contra grupos pró D. Pedro, batalha que se iniciaria a partir do início de 1823. Ainda que o Rio de Janeiro tivesse êxito em manter e garantir a Independência, a perda da Bahia, desse modo, poderia significar a perda de todo o Norte e a quebra do território do Reino em mais de um Estado.

Na Bahia, portanto, o que se iniciaria em 1821 e início de 1822 como uma guerra civil, por questões locais envolvendo a disputa do poder provincial, aos poucos ganharia um caráter nacional, a melhor representação do cruzamento dos dois conflitos políticos causados pela Revolução do Porto, pela instabilidade provincial e pela disputa entre Rio de Janeiro e Lisboa.

A primeira fase da guerra foi causada pelas disputas na gestão do poder local, limitando-se, desse modo, às forças baianas. A adesão da elite liberal baiana à Revolução do Porto fora realizada por articulação entre forças políticas e militares de diferentes matizes, tanto de origem americana quanto europeia. Nos primeiros momentos, porém, o principal temor dos vintistas da Bahia era uma reação da Corte do Rio de Janeiro, razão pela qual a Junta de Governo da Bahia, que havia sido formada para administrar a Província após a adesão à Revolução do Porto, solicitou a Lisboa o envio de tropas portuguesas, as quais foram enviadas da Europa Os impactos da chegada dessa nova tropa portuguesa a Salvador e a proximidade da Junta (apesar de composta por brasileiros) com Lisboa indicavam pelo menos dois problemas: a clara decisão das Cortes Constitucionais portuguesas de impor-se sobre interesses locais e as dissonâncias na própria tropa.

À medida que as Cortes Constitucionais portuguesas iam buscando reforçar os alicerces da Revolução do Porto, surgiam novos

105

conflitos entre pelo menos três tendências políticas: uma a favor de Lisboa, uma que se aproximava da visão do Rio de Janeiro, mas com manutenção das estruturas do Reino Unido, e uma terceira, minoritária, mais próxima das visões pernambucanas, que promovia a ideia de "governos provinciais independentes".[5] As diferenças entre esses grupos terminaram exacerbadas pelas medidas das Cortes de Lisboa, especialmente sobre a questão militar, incluindo duas tentativas de mobilização militar ao longo de 1821.

Em fins de 1821 chegaram à Bahia os controversos Decretos das Cortes de Setembro de 1821, que reforçavam o poder de Lisboa contra o Rio de Janeiro e levaram à decisão de D. Pedro do Dia do Fico. Em Salvador, as medidas foram cumpridas, mas despertaram críticas. Pouco depois, no entanto, chegou ordem de Lisboa de substituição de Manuel Freitas Guimarães, general de origem americana que era popular e havia liderado o movimento baiano de adesão ao Porto. Guimarães seria substituído pelo seu segundo em comando, o general Madeira, militar experiente, que teria como função manter a ordem de acordo com os projetos lisboetas.

Os apoiadores de Freitas Guimarães buscaram, inicialmente, bloquear a substituição ou negociar. Ainda assim, o confronto estourou em 18 de fevereiro de 1822. Os combates aos poucos se espalharam pela cidade, principalmente em volta dos quartéis. Foi exatamente em ataque contra o quartel da Mouraria, em Salvador, que ocorreu a invasão do Convento da Lapa, que terminou com o assassinato da Sóror Joana Angélica, abadessa do convento. Em desvantagem, os partidários de Freitas Guimarães se refugiaram no forte São Pedro, que foi cercado. Iniciou-se, depois, uma fuga em massa para o interior, tendo o forte se rendido em 21 de fevereiro.

O confronto alastrou-se, então, pela Província. As forças em fuga convergiram para a cidade de Cachoeira, onde foi decidida, em 25 de junho, a ruptura com o vintismo da Bahia e a aliança com D. Pedro. Em outras palavras, acabou prevalecendo a lógica de que "o inimigo do meu inimigo é meu amigo". O movimento contou, desde o início, com contatos com o Rio de Janeiro. As desconfianças das províncias situadas ao Norte, da Bahia ao Pará, ainda eram grandes com relação à capital carioca, mas também cresciam com relação a Lisboa. Mas essa desconfiança, ao cabo, acabou minimizada porque parte das aspirações autonomistas foi sendo aos poucos contempladas ou pelo menos prometidas pelo Rio de Janeiro, principalmente com a convocação da Constituinte, facilitando a aproximação.

A decisão de Cachoeira tornou inevitável o conflito entre tropas de Lisboa e do Rio de Janeiro na região. Foi, então, a vez desta guerra, entre tropas das duas capitais, espraiar-se pela Província, concentrando-se gradualmente em duas áreas principais. A primeira era o caminho que ligava Salvador ao interior, composto por estradas cujo controle permitia impor um bloqueio à capital. Nessa zona, houve combates ao longo dos meses de julho a outubro, tendo as tropas pró-Rio de Janeiro tido sucesso na ocupação de pontos estratégicos que bloquearam a capital baiana (que passaria a ser suprida principalmente pelo mar).

A segunda área foi a Baía de Todos os Santos, onde ocorreram diversos combates, especialmente em torno da ilha de Itaparica. Tropas da Legião Lusitana, importante unidade militar de origem europeia, mas que se encontrava aquartelada na Bahia, chegaram a invadir a ilha em julho de 1822, mas cometeram o erro de evacuar, permitindo o controle das forças pró-Rio de Janeiro. No mesmo mês, outra flotilha portuguesa tentou sem sucesso avançar sobre a cidade de Nazaré, a partir do Funil, uma estreita passagem de mar entre Itaparica e o continente, mas foi rechaçada. A vitória no Funil foi essencial para a manutenção da zona sul do recôncavo baiano e da ilha de Itaparica.

O caminho a Salvador e à Baía de Todos os Santos concentrou, em essência, a maior parte dos combates na Província. As operações até novembro de 1822 marcaram o que pode se chamar de fase "local" da guerra, por sua característica essencialmente local. O contingente e os recursos dos dois lados ainda eram limitados, mas houve uma diferença importante: ao passo que os partidários do Rio de Janeiro lograram uma unidade de comando, permitindo melhor utilização das tropas disponíveis (não mais de 1.500 homens, incluindo figuras como Maria Quitéria, que se incorporou ao "Batalhão dos Periquitos", ou João das Botas, barqueiro europeu que liderou uma "flotilha" de 8 embarcações), Madeira manteve sua tropa (cerca de 3 mil) concentrada em Salvador, evitando a ofensiva.

O general Madeira, fiel a Lisboa, não possuía naquele momento recursos suficientes para atacar, mas esse problema seria solucionado com a chegada de importantes reforços entre agosto e outubro de 1822, ampliando o efetivo a 8.621 soldados, sem contar a Marinha.[6] Com os reforços, Madeira poderia partir para a ofensiva, mas o Rio de Janeiro havia se movido, abrindo, então, a fase "nacional" da batalha.

O Rio de Janeiro tentou, inicialmente, negociar a saída das tropas pró-Lisboa (inclusive com negociações secretas), mas preparou-se para a guerra. As medidas incluíam não apenas armas e homens, mas também o controle das operações. Com isso, José Bonifácio teria rejeitado o brigadeiro Alves Branco Moniz Barreto para comandar o "Exército Pacificador", por considerá-lo próximo dos dirigentes locais, o que ameaçava o controle da operação pelo Rio de Janeiro.[7] Optou-se por Pierre Labatut, francês que havia lutado nas guerras napoleônicas e na emancipação de colônias espanholas e que já vivia no Brasil.

Labatut partiu para a Bahia em 14 de julho, com cerca de 300 homens e importante carga militar. O Rio de Janeiro definitivamente escolhia o confronto. A viagem foi tranquila até as proximidades da Bahia, onde seus navios se encontraram com a frota portuguesa em 5 de agosto. Uma tempestade impediu o combate, levando as forças brasileiras a desembarcar em Maceió em 21 de agosto de 1822. Também passaram por Sergipe, que foi incorporado ao Império, e chegaram ao Recife, onde Labatut, apesar de relatar ter sido "mal recebido",[8] obteve apoio de cerca de 700 soldados comandados pelo major Falcão Lacerda, aos quais se juntaram, também, 200 soldados da Paraíba.

Labatut rapidamente partiu para a Bahia, estabelecendo seu quartel-general na localidade de Engenho Novo, na estrada das Boiadas (caminho a Salvador), em 28 de outubro. Reorganizou as tropas e dividiu os comandos entre oficiais baianos e pernambucanos, aos quais se juntaria, em 1823, tropas cariocas do "Batalhão do Imperador". A nova disposição melhorava a organização, mas não resolvia as muitas carências. Ainda assim, a força adquiria a face de um Exército nacional.

A nova organização foi imediatamente testada na Batalha do Pirajá. Madeira planejava, com o ataque, romper o bloqueio a Salvador e retomar o domínio da Baía de Todos os Santos. Na manhã de 8 de novembro de 1822, quase 5 mil soldados, dos dois lados, entraram em combate na ofensiva das tropas de Madeira contra o Engenho Novo. Houve avanços e recuos dos dois lados, até o momento em que um novo ataque de Madeira ameaçou quebrar as forças contrárias. No relato tradicional do conflito, foi nesse momento que o cabo Luiz Lopes teria recebido a ordem dar o toque de retirada, mas equivocou-se e tocou "avançar cavalaria e degolar", revertendo a situação a favor de D. Pedro.

O episódio pitoresco do cabo Lopes, no entanto, não encontra registros de veracidade.[9] Junto com resistência dos brasileiros, há relatos de que teriam ocorrido erros táticos das tropas de Madeira, sendo que o próprio chefe da Esquadra portuguesa foi acusado de ineficiência. As estimativas são muito variáveis sobre o número de mortos e feridos, mas, no conjunto, ficam entre 100 e 200 mortos.

A Batalha do Pirajá terminou sendo operação de grande vulto, que reforçou o cerco sobre Salvador, mas não derrotou Madeira. Seu principal resultado foi o fortalecimento da moral da tropa a favor de D. Pedro e do voluntariado, com elementos principalmente da Bahia, Pernambuco e Rio de Janeiro, mas também de Minas Gerais, Espírito Santo, Alagoas, Ceará e Sergipe. Ao final de 1822, as forças dos dois lados chegavam a 10 mil soldados, mais forças de Marinha. Parte dos esforços de recrutamento incluíram a formação de companhias de libertos ou de escravos, decisão que provocou fricções entre Labatut e os proprietários de engenho, que dependiam dessa força de trabalho.[10]

Apesar do insucesso no Pirajá, Madeira manteve-se na ofensiva. Realizou ataques ao longo dos meses seguintes, no caminho a Salvador ou mesmo na Baía de Todos os Santos. Eram combates frequentes, violentos e desgastantes. A estratégia, porém, trouxe poucos resultados e progressivamente a iniciativa passou ao lado pró-Rio de Janeiro.

A guerra adquiriu, então, outra faceta, agora de cerco, que se estendeu por todo o primeiro semestre de 1823. Segundo relatório de Madeira, nesse período vivia-se com tiroteios diários.[11] Em abril e maio de 1823, os combates em geral foram menos intensos, salvo por uma grande ofensiva em 3 de maio de 1823.

O impasse militar, decorrente da incapacidade das forças pró-Rio de Janeiro de destruir as defesas do general Madeira ou deste de romper o cerco a Salvador, passou a suscitar atritos internos nos dois lados. O insucesso das iniciativas de Madeira exacerbou um conflito com a Junta de Salvador, ainda que os dois estivessem do mesmo lado, porém disputando espaços de poder local. Em fevereiro de 1823, apoiada por Lisboa, a cidade foi declarada praça de guerra sitiada, com quase 10 mil civis evacuados. Apesar da situação complicada para os vintistas, novos reforços (cerca de 1,3 mil soldados) foram recebidos em 31 de março. O reforço não seria suficiente para reverter o quadro, mas poderia afetar o moral da tropa brasileira.

Havia, de fato, indícios de tensões no interior da tropa de Labatut e em pouco tempo surgiu uma crise interna, motivada principalmente pelas disputas entre os grupos locais e o comandante. O caso foi tão grave (em decorrência da tentativa de Labatut de prender dois coronéis baianos) que provocou o risco de um combate interno, o que levou oficiais enviados pelo Rio de Janeiro, liderados pelo coronel Lima e Silva, chefe do Batalhão do Imperador, a prender Labatut. Uma ação rápida permitiu a nomeação de Lima e Silva, que assumiu em 27 de maio. Mantendo o plano de Labatut, Lima e

Silva empreendeu a ofensiva geral sobre Salvador em 3 de junho, que teve bons resultados, mas não a ruptura.

O impasse foi, finalmente, resolvido pela Marinha. Desde 1822 buscava-se reforçar a nova Marinha Imperial, por meio de subscrições, compras de navios e de material, e recrutamento de oficiais e marinheiros estrangeiros, na maior parte ocorrido em Londres. O esforço envolveu também a contratação de comandante da Esquadra, o almirante Thomas Cochrane, para comandar o componente naval da força que lutava na Bahia.[12] A escolha de outro estrangeiro seguia a mesma lógica da seleção de Labatut. Em 21 de março de 1823, Cochrane partiu para a Bahia com uma esquadra importante, que incluía aproximadamente 2 mil marinheiros e 280 peças de artilharia.

A Bahia foi avistada em 1º de maio e, três dias depois, houve o primeiro combate. Cochrane recebera informação sobre a esquadra inimiga que se deslocava para Salvador. Os navios brasileiros vieram em diagonal e tentaram cortar ao meio a linha de 13 embarcações portuguesas. Segundo o capelão da esquadra brasileira, frei Paixão e Dores,[13] a manobra deixou Cochrane confiante, mas, no meio da ação, perdeu-se o efeito tático pela recusa de marinheiros em atacar seus conterrâneos. Cochrane suspendeu a ação e se retirou.

A batalha não foi, desse modo, concluída, mas suspensa. Provocou, ao final, uma mudança de estratégia, com Cochrane reorganizando suas forças e concentrando-se em desestruturar a vital linha de abastecimento de Salvador pelo mar. A situação dos partidários de Lisboa de fato chegou a seu ponto mais grave no início de junho, em razão do aperto do cerco e da piora do acesso a víveres. Cochrane, segundo seu próprio relato, decidiu aproveitar esse momento e, em 12 de junho, realizou uma patrulha noturna dentro do porto de Salvador. A ação teria, ao final, provocado grande terror no inimigo, pois indicava que nem os navios estavam seguros.

Cercado por terra e mar, não restou outra solução a Madeira que não a retirada da Bahia, realizada em 2 de julho de 1823, com quase 90 navios que transportavam tropas e população. Madeira esperava, inicialmente, passar para outro ponto do Brasil e, para impedir essa estratégia, Cochrane continuou dando caça às embarcações portuguesas. A fragata Niterói seguiria a frota portuguesa por toda a travessia do Atlântico.

A ocupação de Salvador pelas forças do Rio de Janeiro concluía a guerra na Bahia, que durara mais de um ano, com significativas perdas de vidas humanas. O cálculo efetivo das baixas é difícil, mas algumas aproximações indicam algo entre 2 mil e 3 mil mortos, dos quais 1 mil por doenças, com um número proporcional de feridos, prisioneiros etc. As baixas dos dois lados, desse modo, podem ultrapassar os 10 mil.

O rescaldo do conflito, ao final, não trouxe tranquilidade política. Haveria agitações constantes na tropa brasileira, além do aumento de disputas de poder locais, somadas a ressentimentos e embates causados pela guerra. A guerra terminava, mas a consolidação do Império na Bahia e na região ainda levaria tempo.

AS OPERAÇÕES MILITARES DA GUERRA DE INDEPENDÊNCIA: O NORTE

O cenário militar no Norte envolveu cinco províncias (Ceará, Piauí, Pernambuco, Maranhão e Pará). A adesão das províncias da região à Revolução do Porto foi heterogênea. Em algumas províncias, houve movimentos militares que derrubaram o governante local e formaram uma Junta de Governo em nome da Revolução, como se deu no Pará em 1º de janeiro 1821 (primeira província a aderir). Em outros casos, a transição foi gradual, com os próprios governadores aderindo à Revolução e tentando administrar a nova realidade política, sendo substituídos por uma Junta de Governo eleita apenas meses depois.

Houve, ao longo dos anos 1821-1822, tendência inicial de apoio majoritário ao vintismo, particularmente contra o que era considerada a "tirania" do Rio de Janeiro. Pará e Maranhão, mais distantes física e politicamente do Rio de Janeiro (ambas colônias separadas até finais do século XVIII), mantiveram-se majoritariamente fiéis ao vintismo e mostraram disposição em usar a força, dentro e fora de seus limites provinciais, para defender as Cortes Constitucionais portuguesas. O Piauí e o Ceará, por outro lado, foram muito influenciados pelo que se passava nas províncias de Pernambuco e Bahia, que ao longo de 1822 já se mostravam convulsionadas e dentro de uma dinâmica de escolha entre Rio de Janeiro e Lisboa.

Em todas as províncias da região o Norte, as dinâmicas políticas locais muito influenciaram a postura de elementos-chave das sociedades, levando parte dos grupos políticos que originalmente eram em sua maioria vintistas, em particular os perdedores das eleições locais, a serem cooptados pelo Rio de Janeiro. Em geral, as adesões à causa carioca vieram de "indivíduos egressos de outros grupos que tiveram o seu projeto político primeiro inviabilizado e traziam aspirações diversas".[14] Foi essa dinâmica que, em um contexto no qual o vintismo ainda era forte, abriu a porta do conflito.

Em fins de 1822 e início de 1823, após episódios de guerra civil e de uma instabilidade que se manteria ao longo dos anos, o Ceará caminhou para uma definição a favor de D. Pedro. O Piauí, no entanto, vivia uma situação particular. Lisboa, desde o início, se preocupara com a província, reforçando suas tropas na região e designando o sargento-mor, João José da Cunha Fidié, como governador das armas, com instruções diretas de D. João VI para "manter-se" no comando da província.[15]

O novo comandante chegou a Oeiras em 8 de agosto de 1822 e encontrou uma situação política degradada, que logo explodiria: influenciado pelo que se passava no Ceará, a Câmara de Parnaíba emitiu, em 19 de outubro de 1822, apoio à regência de D. Pedro, apesar de ainda advogar a união com Portugal.

O movimento de Parnaíba poderia ter sido resolvido rapidamente, pois a própria mobilização local e a chegada de tropas do Maranhão, fiéis à Lisboa, em poucas semanas provocou a fuga dos partidários do Rio de Janeiro. Ainda assim, sem ter notícias desses acontecimentos, Fidié mobilizou a tropa com o objetivo de sufocar rapidamente o movimento favorável a D. Pedro e evitar que se repetissem as instabilidades que se noticiavam vindas do Ceará e do Piauí. Em 14 de novembro de 1822, partiu em marcha por 660 quilômetros, com aproximadamente 1.500 homens. Atingiu a Parnaíba em 18 de dezembro, ocupando a cidade sem resistências.

A estratégia de Fidié, no entanto, falhou, por duas razões. A partir de janeiro de 1823, os grupos pró-Rio de Janeiro que haviam fugido retornaram ao Piauí após se reagruparem e obterem apoio cearense. Paralelamente, sob a liderança do brigadeiro Silva Martins (que havia perdido eleições e, a partir dessa derrota, caminhou para o lado do Rio de Janeiro), ocorreu um levante de Oeiras em 24 do mesmo mês, que proclamou D. Pedro imperador. A junção desses dois movimentos levou à guerra.

Fidié decidiu voltar a Oeiras para sufocar o movimento, partindo em 1º de março. Era um movimento que ocorria paralelamente à entrada no Piauí dos grupos pró-Rio de Janeiro, ambos convergindo para Campo Maior. Uma primeira escaramuça ocorreu próxima à cidade de Piracuruca, em 10 de março, à margem da lagoa Jacaré. Fidié instalou-se, então, a 10 quilômetros de Campo Maior, em 12 de março. Com notícia dessa movimentação, os independentistas mobilizaram cerca de 2,5 a 3 mil homens. A tropa de Fidié, porém, tinha uma vantagem importante no embate: era formada em sua maior parte de nascidos na terra, mas com melhor disciplina, equipamentos e comando.

Em 13 de março de 1823, as duas forças se enfrentaram na área do rio Jenipapo. Foram mais de cinco horas de batalha, durante as quais as tropas pró-Rio de Janeiro realizaram infrutíferos ataques frontais contra um eficaz sistema defensivo organizado por Fidié, sendo derrotadas.

Não existem números precisos sobre o conflito, mas estima-se que as baixas estariam entre 80 e 400 mortos, além de 542 prisioneiros.

A Batalha do Jenipapo está para o teatro de operações Norte o que foi a Batalha do Pirajá para a Bahia. Mas mesmo vitorioso, Fidié havia consumido a maior parte dos seus insumos, tornando difícil o caminho a Oeiras.[16] Optou, então, por dirigir-se ao Estanhado, nas margens do rio Parnaíba, onde recebeu ofício da Junta de Caxias (Maranhão) pedindo auxílio contra movimentos a favor de D. Pedro na região. Fidié decidiu cruzar a fronteira (registrou dois combates no caminho, em 10 e 17 de abril), chegando a Caxias em 17 de abril, acompanhado por 700 soldados.

Iniciava-se, então, a segunda fase daquela guerra, agora no Maranhão, com as forças pró-Rio de Janeiro reforçadas pelos plenos poderes conferidos por D. Pedro para marcharem contra o Maranhão. Do lado contrário, havia tropas europeias, piauienses, maranhenses e paraenses ainda fiéis a Lisboa. Fidié tentou, no início, ser proativo e marchou, em 21 de abril, sobre São José dos Matões, sem sucesso. Após esse combate, optou por uma estratégia defensiva, concentrada em Caxias.

Foram, na sequência, realizadas invasões sucessivas do Maranhão pelo lado pró-Rio de Janeiro, que se desdobraram em três movimentos. O primeiro e maior recaiu sobre Caxias, que foi completamente cercada em 19 de junho. O período mais intenso de combates ocorreu em julho, quando o lado pró-Rio de Janeiro chegou a ter quase 10 mil soldados, com o reforço de tropas do Ceará. A movimentação das tropas do Ceará encontraria, no entanto, contratempos logísticos e políticos, que atrasaram o passo, tendo a força cearense chegado ao teatro apenas ao final do cerco. Pernambuco enviou aproximadamente 100 soldados.[17]

A situação tornou-se aos poucos insustentável, ampliando os combates, principalmente entre os dias 16 e 19 de julho.[18] Com o insucesso de Fidié, foram iniciadas negociações com as tropas de

D. Pedro. Em 1º de agosto, as forças independentistas entraram em Caxias, ficando lá boa parte de 1823 e enfrentando forte instabilidade política. Também houve séria indisciplina no seio das tropas piauienses e cearenses, inclusive no retorno das forças.

Ao mesmo tempo em que o drama do cerco de Caxias se desenrolava, os dois outros movimentos colocaram a capital, São Luís, em apuros. Um deles foi mais limitado, ao norte, com a captura de Carnaubeiras, vila maranhense próxima a Parnaíba.[19] O outro ocorreu em Itapecuru Mirim. A Junta de Governo maranhense já se encontrava preocupada com a situação da cidade, um entroncamento entre a capital e Caxias, tendo decidido reforçar as tropas após denúncias de que o comandante local se tornava pró-Rio de Janeiro. Nesse mesmo contexto, chegaram notícias de aproximação dos independentistas, o que levou a uma ofensiva, sem sucesso, em 10 de junho de 1823, após registro de emboscada por elementos pró-Rio de Janeiro.

As forças independentistas cercaram a vila e, em pouco tempo, a falta de suprimentos começou a colocar os sitiados em dificuldades. Após uma segunda tentativa de ruptura, os portugueses tentaram uma fuga, sendo atacados ao serem descobertos. No retorno à cidade, descobriram a mudança de lado do próprio comandante, que entregou a cidade às tropas do Rio de Janeiro. Com a vitória em Itapecuru Mirim foram definitivamente cortadas as ligações entre São Luís e Caxias.

Na passagem de junho para julho de 1823, desse modo, a Junta maranhense se encontrava isolada, contando apenas com o apoio de vilas próximas e da via marítima. Em meados de julho de 1823, no entanto, chegou a notícia do golpe da Vilafrancada. Surgiram, nesse contexto, disputas entre autoridades maranhenses, com alguns setores defendendo a aproximação com o Rio de Janeiro. A força ainda parecia estar nas mãos dos partidários de Lisboa, confiantes, na perspectiva de novos reforços, vindos especialmente da Bahia. Tentou-se negociar com o inimigo para ganhar tempo.

A estratégia poderia ter dado certo não fosse a entrada em cena de Cochrane. Já nos mares próximos de São Luís, Cochrane apreendeu o brigue Infante Dom Miguel. Ao invés de aprisionar a tripulação, liberou o comandante do brigue, informando-lhe que toda uma esquadra estava a caminho. O oficial levou a notícia a São Luís, completada com cartas do almirante, de 26 de julho de 1823, nas quais ameaçava o uso da força.[20] Cercada por terra e por mar, a Junta de Governo não teve outra opção, oficializando a "adesão" da Província do Maranhão ao Império em 28 de julho de 1823.

Enquanto tudo isso se passava nos territórios do Maranhão e Piauí, a situação no Pará também estava convulsionada. Apesar de importante apoio ao vintismo e da firme postura da Junta Governativa, havia fissuras na sociedade e no governo. Em princípios de 1823, após quase dois anos de relativa estabilidade, a atuação de partidários da Independência se incrementou, influenciada pelo que ocorria na região. A situação política levou a novas eleições municipais, em fevereiro de 1823, com todos os eleitos favoráveis ou simpáticos à emancipação. Em reação ao movimento pró-independência, houve, em 1º de março, revolta militar, que restabeleceu a antiga Câmara municipal.

Embora o golpe garantisse o poder provincial, seu resultado efetivo teria convencido os partidários do Rio de Janeiro da necessidade de encontrar apoio entre as fileiras militares, ao que se iniciaram as conspirações. De fato, em 13 de abril de 1823, estourou uma conspiração favorável a D. Pedro, movimento que teve pouco sucesso, com os revoltosos fugindo para a ilha de Marajó. Lá, aproximadamente 200 rebeldes proclamaram, em 28 de maio de 1823, apoio ao Rio de Janeiro,[21] mas sofreram derrota militar e foram presos.

Apesar do sucesso militar, a causa da Junta de Belém se enfraquecia. Em julho, chegou pelo navio Palhaço a notícia da Vilafrancada, além de posteriores informações sobre a "adesão" do Maranhão ao governo do Rio de Janeiro. Um conselho reuniu-se em 5 de agosto na tentativa de manter a situação inalterada até que fossem recebidas novas ordens. Foi nesse contexto que apareceu uma fragata comandada pelo comandante John Pascoe Grenfell (um dos oficiais estrangeiros sob o comando do almirante Cochrane), em 11 de agosto de 1823. Utilizando a mesma estratégia de Cochrane de ameaçar as autoridades locais com uma suposta esquadra que chegaria e atacaria Belém, Grenfell obteve a rendição. Foi convidado a desembarcar e, em 12 de outubro, o Pará foi oficialmente incorporado ao Império.

Ao final, a incorporação do Maranhão e do Pará ao Império trouxe apenas uma aparência de unidade, já que os grupos favoráveis a Lisboa, ou mesmo independentistas, ainda eram fortes. Portugal manteria, até 1825, a alegação de que as províncias estavam "ocupadas". Cochrane retornaria ao Maranhão em 1824 para conter uma nova revolta. Passou também pelo Ceará, igualmente convulsionado. No Pará houve sérias dificuldades de manutenção da ordem. A situação nas províncias do Norte apenas se acalmaria relativamente após 1825, com reconhecimento da Independência por Portugal.

AS OPERAÇÕES MILITARES DA GUERRA DE INDEPENDÊNCIA: CISPLATINA

A Cisplatina, província que atualmente corresponde ao Uruguai, foi caso tão complexo quanto díspar do ocorrido no Norte-Nordeste, envolvendo um quadro estratégico mais amplo, no qual, em 1821-1823, três processos distintos confluíram no Prata. Havia, em primeiro lugar, a histórica disputa entre Portugal e Espanha pelo território desde pelo menos 1680, um permanente jogo diplomático-militar que mesmo os tratados que tentaram resolver a questão, principalmente o de Madri (1750, favorável a Portugal) e o de Santo Idelfonso (1776, favorável à Espanha), não haviam logrado terminar com os confrontos. Essa dinâmica ganhou novos contornos com a chegada da família real ao Brasil, que teria estabelecido o projeto de reforçar a segurança da fronteira e esticá-la até sua zona natural, o Prata.[22]

Paralelamente, movimentos independentistas espanhóis estouraram em 1810, a partir de Buenos Aires, que mantinha pretensões de unificar o Reino do Prata sob sua liderança. Essas ambições chocaram-se com interesses locais no que hoje são Uruguai, Bolívia e Paraguai, provocando forte instabilidade na região e uma sequência de ações militares, alianças feitas e desfeitas. No caso da Banda Oriental, ganhou destaque a figura do militar José Artigas, que pendulou entre acordos e rupturas com Buenos Aires.

Muitos dos adversários de Artigas passaram a ver no Rio de Janeiro uma solução de estabilidade. Em 1811, quando Artigas atacou Montevidéu, o vice-rei espanhol solicitou a intervenção portuguesa, que foi realizada por período breve. Em 1816, no entanto, as disputas orientais e a ação de Buenos Aires reverberavam na fronteira portuguesa e levaram a nova intervenção, agora pela Divisão de Voluntários d'El Rei, liderada pelo general Carlos Frederico Lecor (4.831 soldados de origem europeia e de 2 a 3 mil homens americanos[23]). A partir do fim dos combates, em 1820, a Coroa portuguesa procurou reforçar sua presença, culminando com a realização do Congresso da Banda Oriental, em 1821, que votou pela incorporação ao Reino do Brasil, criando a Província da Cisplatina.

O principal problema foi que a Cisplatina, no momento em que se incorporava a Portugal, foi arrastada pelo terceiro processo, o conflito entre Rio de Janeiro e Lisboa. Em Lisboa, prevaleceu visão de que a manutenção das tropas na província era importante, mas houve um tom crítico a Lecor. Do lado do Rio de Janeiro, as reações foram claramente melhores e, em fins de fevereiro de 1822, Lecor aderiu à causa do Rio de Janeiro.

A concretização dessa adesão, no entanto, foi muito mais difícil. A situação dos militares portugueses na Cisplatina era, em 1821-1822, uma junção de problemas de ordem disciplinar (em essência, temas relacionados a pagamentos e organização da tropa, como a de origem europeia posicionando-se contra sua incorporação à força "brasileira") e política. Em 20 de março de 1821, a oficialidade jurou a Constituição portuguesa, ainda que a tropa de origem americana tenha se mostrado mais reticente.[24] Essas diferenças fizeram com que altos oficiais de origem europeia passassem a conspirar, levando à criação de um Conselho Militar, que se tornaria a principal fonte de manifestos a favor de Lisboa.[25]

Havia também uma terceira parte nessa dinâmica conflitiva: os próprios habitantes da Cisplatina, que se dividiram entre os dois lados da contenda ou em um terceiro partido, que apoiava as pretensões das Províncias Unidas do Prata. Já com o conflito muito adiantado, em 28 de agosto de 1823, Buenos Aires demandou ao Rio de Janeiro a retirada das tropas, alegando que estavam em seu território.

Com sua manobra limitada, Lecor tentou primeiramente realizar uma ação política, via decreto do Rio de Janeiro (julho de 1822) que ordenava a saída da tropa dos Voluntários Reais, unidade militar que havia sido mandada da Europa para auxiliar na conquista da Cisplatina. Não havendo resposta, o general deixou Montevidéu em 11 de setembro, onde permaneceram os partidários de Lisboa, que passaram a ser liderados por D. Álvaro da Costa. Lecor foi por estes declarado "traidor".

Apesar da clara divisão entre os dois campos, as operações militares foram evitadas no segundo semestre de 1822. O Rio de Janeiro insistiu na retirada das tropas, as quais, apesar de concordarem com a saída,[26] não aceitavam instruções do "traidor". A última tentativa de acordo ocorreu em janeiro de 1823, com a presença de uma esquadra comandada pelo norte-americano David Jewet, outro estrangeiro que servia na Marinha do Brasil da época.

O insucesso nas negociações levou então à opção militar. Lecor não teria, ao longo do conflito, contingente significativo, com aproximadamente 2 a 3 mil soldados, ao que se somavam tropas orientais e desertores. As mudanças de lado, aliás, seriam muito comuns. As forças pró-Cortes constitucionais portuguesas eram aproximadamente de 2,5 mil soldados. Com problemas logísticos, Lecor preferiu uma guerra de recursos, dando início, em 23 de janeiro de 1823, a um cerco de 17 meses, enfrentando uma Montevidéu bem fortificada. As hostilidades foram iniciadas em 29 de janeiro de 1823, sendo registradas ações importantes ao longo nos meses seguintes, em uma guerra de permanente atrito.

A guerra na Cisplatina foi, com isso, uma guerra de atrito. Assim como nos casos da Bahia e do Norte, a ruptura do impasse veio pelo mar. Em agosto de 1823, finalmente se completara a esquadra comandada por Pedro Antonio Nunes, com seis navios, que a partir de outubro impôs cerco ao porto de Montevidéu. Em 21 de outubro de 1823, deu-se o breve, mas decisivo, combate, vencido pelas forças do Rio de Janeiro.

Foram, então, iniciadas negociações, que terminaram em 18 de novembro de 1823. A partida das forças portuguesas foi lenta, concretizando-se apenas em fevereiro de 1824. Ao final, os combates não haviam sido tão mortíferos, envolvendo algo entre 100 e 150 baixas, dos dois lados.[27]

A partida das tropas europeias, no entanto, não terminou com os problemas. A incorporação da Cisplatina ao Império do Brasil não foi seguida de atenção no mesmo nível por parte do Rio de Janeiro. Essa fragilidade estimulou o "espírito artiguista", ampliando movimentações no período de 1824-1825 e culminando com a conhecida travessia do rio Uruguai por 33 refugiados liderados por Lavalleja, em 19 de abril de 1825. O pequeno movimento ganhou adesões. A rebelião ganhou vulto e em 10 de dezembro de 1825, o Brasil declarou guerra contra Buenos Aires. A Guerra da Cisplatina (1825-1828) se iniciava.

O BALANÇO DA GUERRA E A PAZ PELO RECONHECIMENTO DA INDEPENDÊNCIA

A guerra na Independência brasileira envolveu pelo menos 60 mil militares, engajados em combates nos três teatros de operação e em outras localidades ao longo de 1822 e 1823. Os números sobre baixas da guerra são imprecisos, mas teriam girado em torno de 3 a 5 mil mortos, além de milhares de feridos e prisioneiros. As operações militares terminaram com a retirada dos Voluntários Reais da Cisplatina no início de 1824, mas as hostilidades terminaram oficialmente apenas com o acordo de reconhecimento do Brasil por Portugal, em 1825. O acordo concluiu a Independência e a guerra, mas sofreu críticas significativas, especialmente a indenização paga.

Ao final, os problemas de uma emancipação muito mais complexa do que a tradicionalmente ensinada, a heterogeneidade das regiões e de sociedades, os projetos e interesses políticos distintos tornaram as operações militares parte indissociável de um projeto de manutenção do território do antigo Reino do Brasil incorporado ao novo Império. Longe de "guerras de Independência", como se os conflitos fossem estanques e separados. A dinâmica da busca pela unidade por parte do Rio de Janeiro, os apoios cruzados (várias regiões enviando soldados à Bahia, a guerra ao norte envolvendo diferentes tropas e a Marinha Imperial) e a cooptação pelas capitais são todos elementos que convergem para que os conflitos e as operações militares, ao final, tivessem um sentido, um objetivo: que o novo Império englobasse todo o território do antigo Reino. Não "guerras", portanto, mas sim uma "guerra de Independência" do Brasil.

Mesmo que a combinação de ação política, com promessas, negociações e ameaças (sendo o caso de Pernambuco o mais claro) e operações militares tenha logrado manter o território unido pelo Rio de Janeiro no processo de 1821-1823, os problemas estruturais não seriam imediatamente sanados. A questão estrutural projetou-se no futuro, por exemplo, no período da Regência, quando as mesmas características do processo de Independência voltaram à tona. A consolidação do Estado e mesmo da identidade nacional brasileiros levariam tempo e seriam um processo de construção gradual, consolidado em grande medida até a década de 1850, mas com desafios que continuaram a se projetar no tempo e que até hoje reverberam em nossa sociedade.

Notas

[1] *Atas do Conselho de Procuradores-Gerais das Províncias do Brasil (1822-1823).* Brasília: Senado Federal, p. 56. Disponível em: <https://www.senado.leg.br/publicacoes/anais/pdf/ACE/ATAS1-conselho_dos_Procuradores_Gerais_das_Provincias_do_Brasil_1822-1823.pdf>. Acesso em: 06 ago. 2021.
[2] Para mais pormenores sobre o processo do conflito político e da guerra, bem como das fontes documentais e obras pesquisadas para o presente capítulo, vide FRANCHINI NETO, Helio. *Independência e Morte*: política e guerra na emancipação do Brasil (1821-1823). Rio de Janeiro: Topbooks, 2019.
[3] DIAS, Maria Odila Leite da Silva. *A interiorização da metrópole e outros estudos.* 2. ed. São Paulo: Alameda, 2005.
[4] MACHADO, André Roberto de Arruda. *A quebra da mola real das sociedades*: a crise política do Antigo Regime português na província do Grão-Pará (1821-1825). São Paulo, 2006. Tese (Doutorado em História Social) – Universidade de São Paulo.
[5] CARVALHO, José Murilo de; BASTOS, Lúcia; BASILE, Marcello (org.). *Às armas cidadãos!* – Panfletos manuscritos da independência do Brasil (1820-1823). Belo Horizonte: Editora UFMG, 2012, p. 13. Vide também Madeira, Ofício de 26 de fevereiro de 1822. In: *Ofícios e Documentos dirigidos às cortes pelo Governador das Armas da Província da Bahia, em data de 7, e 17 de Março deste anno.*
[6] Sessão das Cortes de 6/01/1823. In: *Diário do Governo*, nº 40, 07/01/1823, p. 41.
[7] PELEGRINO, Humberto. "História Militar da Independência (Circunstâncias e contradições)". *Revista do Instituto de Geografia e História Militar do Brasil*, n. 326, jan.-mar., 1980, p. 293. Disponível em: <http://www.ihgb.org.br/rihgb.php?s=20www.ihgb.gov.br>. Acesso em: 19 mar. 2013.
[8] Ofício de 26/12/1822. In: *Documentos Relativos aos Acontecimentos da Província da Bahia, de 1822.* Biblioteca Nacional. Referência I-31, 6, 7. Rolo MS 512 (67) – nº 1330.
[9] TAVARES, Luís Henrique Dias. *A Independência do Brasil na Bahia.* Rio de Janeiro: Civilização Brasileira, 1977, p. 123.
[10] ARAÚJO, Ubiratan Castro de. A guerra da Bahia. In: FUNDAÇÃO PEDRO CALMON, *2 de julho: A Bahia na Independência Nacional.* Salvador: Fundação Pedro Calmon – Governo do Estado da Bahia, 2010, p. 24.
[11] Carta do (governador das Armas da Província da Baía), Inácio Luís Madeira de Melo, ao rei (d. João VI), sobre as notícias vindas do Rio de Janeiro do reforço dos insurrectos e apelando para o reforço da Armada e ajuda de Lisboa, sem o qual considera que o Brasil se perderá. In: *Projeto Resgate*, AHU_ACL_CU_005, Cx 276 d. 19212. Arquivo da Biblioteca Nacional.
[12] COCHRANE, Thomas John. *Narrativa de serviços no libertar-se o Brasil da dominação portuguesa.* Brasília: Senado Federal, Conselho Editorial, 2003, p. 37.
[13] PAIXÃO E DORES, Frei Manoel Moreira da. *Diário do Capelao da esquadra de Lord Cochrane.* Anais da Biblioteca Nacional do Rio de Janeiro. Rio de Janeiro: Serviço Gráfico do Ministério da Educação, 1938, p. 204.
[14] MACHADO, André Roberto de Arruda. *A quebra da mola real das sociedades*: a crise política do Antigo Regime português na província do Grão-Pará (1821-1825). São Paulo, 2006. Tese (Doutorado em História Social) – Faculdade de Filosofia, Letras e Ciências Humanas, Universidade de São Paulo, p. 93.
[15] FIDIÉ, João José da Cunha. *Varia fortuna de um soldado português.* Teresina: Fundapi, 2006, p. 159.
[16] Há, neste caso, uma lenda, de que no calor da Batalha do Jenipapo a bagagem das tropas de Fidié teria sido roubada. Não existem, porém, documentos que comprovem essa versão.
[17] CHAVES, Monsenhor Joaquim. *O Piauí nas lutas da independência do Brasil.* Teresina: Alínea, 2005, p. 72.
[18] NEVES, Abdias. *A guerra do Fidié*: uma epopeia brasileira na luta pela independência. 4. ed. Teresina: Fundapi, 2006, p. 277.

[19] Idem, p. 228.
[20] COCHRANE, Thomas John. *Narrativa de serviços no libertar-se o Brasil da dominação portuguesa*. Brasília: Senado Federal, Conselho Editorial, 2003, p. 82.
[21] RODRIGUES, José Honório. *Independência*: revolução e contrarrevolução. Rio de Janeiro, Biblioteca do Exército Editora, 2002, p. 304.
[22] FERREIRA, Fábio. *O general Lecor, os Voluntários Reais e os conflitos pela Independência do Brasil na Cisplatina (1822-1824)*. Niterói, 2012. Tese (Doutorado em História) – Universidade Federal Fluminense, p.54. Disponível em: <http://www.historia.uff.br/stricto/td/1408.pdf>. Acesso em: 14 ago. 2014.
[23] Mapa de tropas enviado às Cortes de Lisboa, Sessão de 20 de agosto de 1822. In: *Atas das Cortes Geraes e Extraordinárias da Nação Portuguesa*.
[24] FERREIRA, Fábio. A administração Lecor e a Montevidéu Portuguesa: 1817-1822. *Revista Tema Livre*. Disponível em: <http://www.revistatemalivre.com/lecor10.html>. Acesso em: 21 ago. 2014.
[25] Arquivo Nacional. Coleção Cisplatina, caixa 977, fundo 1a, 1819-1823.
[26] *Diário do Governo* (Lisboa), nº 37, 12 de fevereiro de 1823, p. 280.
[27] Arquivo Nacional, Fundo Coleção Cisplatina, Caixa 977, 1A.

Bibliografia

DIAS, Maria Odila Leite da Silva. *A interiorização da metrópole e outros estudos*. 2. edição. São Paulo: Alameda, 2005.

FRANCHINI NETO, Helio. *Independência e Morte*: política e guerra na emancipação do Brasil (1821-1823). Rio de Janeiro: Topbooks, 2019.

JANCSÓ, István; PIMENTA, João Paulo G. Peças de um mosaico (ou apontamentos para o estudo da emergência da identidade nacional brasileira). In: MOTA, Carlos Guilherme (org.). *Viagem Incompleta*: A experiência brasileira (1500-2000). 2. ed. São Paulo: Editora Senac, 2000.

MACHADO, André Roberto de Arruda. *A quebra da mola real das sociedades*: a crise política do Antigo Regime português na província do Grão-Pará (1821-1825). São Paulo, 2006. Tese (Doutorado em História Social) – Faculdade de Filosofia, Letras e Ciências Humanas, Universidade de São Paulo.

MELLO, Evaldo Cabral de. *A outra independência*: o federalismo pernambucano de 1817 a 1824. 2. ed. São Paulo: Editora 34, 2014.

Escravizados e libertos

KEILA GRINBERG

Um dos temas mais controversos da história da Independência brasileira é o da participação de pessoas escravizadas, libertas e afrodescendentes livres no processo que levou à emancipação política de Portugal. Justamente por isso, nas últimas décadas ele vem atraindo o interesse de vários historiadores.

Embora haja quem ainda defenda a ideia de que não houve participação de espécie alguma,[1] esta não é a perspectiva deste texto. Aqui, irei desenvolver a perspectiva de que escravizados, libertos e afrodescendentes tomaram, de várias maneiras, parte do processo da Independência. Essa participação popular, no entanto, não se dá pelas vias tradicionais de se fazer política, nem a partir das concepções usuais de representação e expressão partidária. Ao contrário, tais atores construíram suas próprias expectativas em relação aos acontecimentos, principalmente no que diz respeito aos vários significados assumidos à época pela palavra *liberdade*. Essas expectativas, a movimentação da população negra e a ocorrência de protestos populares no período da Independência brasileira causaram preocupação e medo entre os proprietários, que temiam a ocorrência de rebeldias mais amplas, como a que se deu no Haiti algumas décadas antes. As tensões entre as perspectivas dos escravizados e libertos e dos proprietários ficaram explícitas nas discussões relativas às definições de cidadania nos debates constitucionais de 1823 e na Constituição de 1824.[2]

Entender as formas pelas quais a população negra escravizada e livre lutou pela independência do Brasil não só é fundamental para entender o contexto mais amplo de um processo de emancipação que se deu a partir do reforço da escravidão, mas também para a compreensão dos seus efeitos a longo prazo. Como bem demonstrou a historiadora Beatriz Mamigonian, a construção do Estado brasileiro se deu a partir da deslegitimação das lutas populares e da naturalização da continuidade do tráfico atlântico de africanos escravizados e da escravização ilegal.[3]

ANTECEDENTES

Embora não seja possível, nos limites deste texto, explorar em detalhes o contexto anterior à Independência, é importante ressaltar que reivindicações por direitos por parte da população negra existiram desde pelo menos 1798, durante a ocorrência da Revolta dos Alfaiates, na Bahia, quando oficiais pardos de baixa patente se revoltaram contra os baixos salários que recebiam, reivindicando igualdade de tratamento para com os demais membros do Exército.

Nessa época, a população brasileira era de cerca de 1,5 milhão de habitantes – cerca de um quinto vivia na Bahia. Embora haja dúvidas quanto ao número exato de habitantes dessa região, as estimativas giram em torno da casa dos 100 mil habitantes, dos quais pelo menos dois terços seriam considerados, à época, africanos ou afrodescendentes, fossem escravizados ou livres. Durante a Revolta, os oficiais clamavam, entre outras demandas, pelo fim da discriminação racial e pela igualdade entre os cidadãos. Libertos e negros livres de ascendência africana pretendiam, como cidadãos, eliminar as diferenças raciais entre os brancos e eles próprios, "homens pardos e pretos", notadamente os soldados, "que vivem escornados e abandonados" e que, a partir da revolução, "serão iguais, não haverá diferença, só haverá liberdade, igualdade e fraternidade." Cidadania significava, neste contexto, a abolição de critérios distintivos de nascimento. Os revoltosos de 1798 alargaram o significado da palavra liberdade no Brasil, ao pressionar pela inclusão numa sociedade à qual desejavam pertencer.

Para as autoridades de então, a percepção de que oficiais negros, escravizados, libertos ou livres podiam se sublevar em conjunto trouxe grande temor, daí a intensidade da repressão a que eles foram submetidos. Os proprietários temiam uma aliança entre escravizados e libertos como havia ocorrido na colônia de Saint Domingue, em 1791, que levou à proclamação da República do Haiti, em 1804. Nesse caso, os episódios de 1798 na Bahia teriam servido para começar a mostrar aos muitos senhores de terras e escravos que os ideais de liberdade e revolta, que para eles significavam o fim do jugo colonial, teriam outra interpretação entre diferentes extratos da população, ganhando um novo cunho social e racial.

Ao longo das duas primeiras décadas do século XIX, reivindicação por igualdade de direitos por parte da população negra e medo e repressão por parte dos proprietários e das autoridades caminharam juntos em praticamente todas as colônias das Américas. Ainda mais à medida que começavam a circular rumores sobre possíveis decretos emancipatórios, no contexto dos movimentos americanos pela independência. Em toda parte, esses decretos foram responsáveis pela criação de grandes expectativas por parte da população escrava e liberta das colônias, que pensavam que, uma vez implementadas, essas medidas trariam a liberdade e o fim das discriminações raciais.

RUMORES E EXPECTATIVAS DA INDEPENDÊNCIA

Quando os rumores da independência chegaram ao Rio de Janeiro, no início da década de 1820, muitos escravizados moradores da cidade acreditavam que a adesão à independência ou a lealdade à família real significaria a obtenção da liberdade. Aqueles que de alguma maneira se encontravam próximos das autoridades se acreditavam protegidos do rei, ou então consideravam que se encontravam livres para realizar desordens, já que "todos estão persuadidos que Vossa Alteza os há de forrar". De fato, estudos como o da historiadora Kirsten Schultz enfatizam a expectativa de muitos escravizados de que a vinda da família real portuguesa e da Corte e a consequente transformação do Rio de Janeiro em uma "Versalhes tropical" traria a emancipação.[4] Essa crença, que à época chegou a provocar a atenção do intendente de polícia, também teria sido a responsável pelo grande número de "ações de liberdade" (em que pessoas escravizadas processam seus senhores, argumentando terem direito à liberdade) e de apelos pela alforria dirigidos diretamente ao rei. Este foi o caso do escravizado Tomás, que enviou uma petição ao imperador solicitando sua intervenção, já que ele argumentava ter meios de comprar a sua liberdade, mas seu senhor se recusava a vendê-la. Para Tomás, a "liberdade é a causa mais apreciável ao homem e, por isso, o suplicante a deseja".[5]

Tanto as tentativas de libertação individual por via da intervenção do Estado quanto as expectativas na realização de uma possível emancipação geral aumentaram significativamente com o início dos conflitos políticos que resultaram na Independência do Brasil. É importante ressaltar que essas expectativas tinham fundamento: como demonstra a historiadora Adriana Barreto, as milícias (forças auxiliares do Exército, que não recebiam treinamento militar profissional) dos chamados *homens de cor*, atuantes na cidade do Rio de Janeiro, gozavam da confiança da Coroa desde fins do século XVIII; justamente por isso, peticionavam com frequência às autoridades, demandando igualdade de tratamento e direitos. Em outubro de 1822, elas foram oficialmente promovidas a Batalhão de Artilharia de Milícias, o que, na prática, dava aos pretos e pardos membros da corporação o acesso ao Arsenal de Guerra da Corte.[6] Esses homens, carpinteiros, alfaiates, pedreiros, sapateiros, se engajaram nas lutas pela independência, levando D. Pedro até a comentar, em uma carta a José Bonifácio, que "melhores e mais aderentes à causa do Brasil do que os pardos, meu amigo, ninguém".[7]

Além destes, muitos escravizados também viram na independência a chance concreta de obter suas alforrias: em dezembro de 1822, por exemplo, no contexto das disputas entre brasileiros e portugueses, D. Pedro I prometeu a liberdade aos escravizados que se alistassem nas tropas brasileiras; mais tarde, decidiu que os proprietários deviam mandar um a cada cinco de seus escravos, para que tomassem parte nas tropas, o que causou grande revolta entre os senhores. Isso fez com que alguns escravizados fugissem para se alistar como voluntários, entendendo que esse seria um bom caminho para a posterior aquisição de liberdade e autonomia – o que aconteceria para poucos.

> **Antonio Pereira Rebouças (1798-1880)**
>
> Baiano, rábula, filho de uma liberta e de um português, Antonio Pereira Rebouças foi um dos mais importantes especialistas em direito civil no século XIX brasileiro. Mais importante do que isso, no entanto, foi a sua atuação política nos episódios que levaram à independência na Bahia, que lhe conferiu notoriedade e fama como "herói da Independência". Como aconteceu com tantos homens negros de sua geração, Rebouças e seus irmãos se beneficiaram da participação nas lutas pela independência na Bahia: enquanto dois de seus irmãos foram estudar na Europa, Antonio Pereira conseguiu ocupar posições de prestígio no Império, mesmo antes de ter sido eleito deputado na Assembleia Legislativa no fim da década de 1820, cargo que exerceu por várias vezes até o fim da década seguinte. Rebouças tinha como lema a passagem da Constituição de 1824 de que os cidadãos brasileiros só poderiam se distinguir por seus talentos e virtudes. Conhecido como liberal moderado, ele não fazia concessões quando o assunto era a conexão entre cor e posições políticas: para ele, nenhum cidadão poderia ser julgado por sua cor. Essas opiniões, na década de 1830, e as atitudes racistas de muitos de seus pares o levaram a ter uma carreira curta no Parlamento. Antonio Pereira Rebouças deixou a vida pública em 1848 para se dedicar à advocacia e ao estudo da jurisprudência, usufruindo de grande prestígio na Corte Imperial. Durante toda a sua vida, acreditou que a concessão de direitos civis universais a todos os cidadãos brasileiros sem distinção era o melhor caminho para eliminar as marcas da escravidão. Ainda assim, apesar de ter sido um "herói da Independência", ele não foi lembrado para além de sua geração, entrando para a história como o pai do engenheiro abolicionista André Rebouças.

As expectativas e atitudes da população negra escravizada e livre, além das fugas, geraram também a sensação, entre os proprietários, de que eles estavam sob constante ameaça de atos de rebeldia e revoltas. Como demonstrou a historiadora Gladys Sabina Ribeiro, esses proprietários temiam que os escravizados, seduzidos com boatos e promessas de liberdade, iniciassem uma insurreição nos moldes da ocorrida no Haiti. Diz Ribeiro que a crença na existência de uma conspiração era tão grande que o intendente de polícia do Rio de Janeiro, em 1823 e 1824, dava ordens para que se atravessasse ruas e vielas atrás de "proclamações 'incendiárias' e de ajuntamentos perigosos de 'negros'".

Movimento semelhante aconteceu na Bahia, como mostraram os historiadores João José Reis e Hendrik Kraay: durante as lutas pela independência, que lá duraram até julho de 1823, foram principalmente pretos e pardos que resistiram em Salvador, uma vez que boa parte da população branca se refugiou no recôncavo.[8] Além disso, mesmo no recôncavo muitos escravizados fugiram para se aliar às tropas da independência; mais tarde, alguns seriam inclusive recompensados pelo governo brasileiro com a alforria.

Esses exemplos demonstram que, no intenso debate político havido durante o processo de independência, escravizados, livres e libertos fizeram uma leitura própria dos acontecimentos políticos e dos significados da liberdade. Ou seja, essas pessoas não estavam alheias ao que acontecia ao redor delas; pelo contrário, muitas acompanhavam de perto os acontecimentos, tinham expectativas próprias e traçavam estratégias para atingir seus objetivos. Como visto, essa interpretação política, que não foi exclusiva do Brasil – nos Estados Unidos e na América espanhola ocorreu o mesmo – acarretou grande preocupação entre os proprietários e as elites em geral.

O MEDO E AS DISCUSSÕES SOBRE ESCRAVIDÃO E CIDADANIA NA ASSEMBLEIA CONSTITUINTE

O medo das atitudes e dos movimentos da população negra durante o processo da Independência tinha como pano de fundo, evidentemente, os ecos da Revolução de São Domingos. São inúmeros os exemplos de comparações e alusões a São Domingos e ao Haiti, como nesta carta, já citada por vários historiadores, em que um francês alerta para os perigos de se repetir os acontecimentos da ilha do Caribe e defende a necessidade de os pardos livres se juntarem aos brancos para evitar a sublevação dos escravos:

> Finalmente: todos os brasileiros, e sobretudo os brancos, não percebem suficientemente que é tempo de se fechar a porta aos debates políticos, às discussões constitucionais? E se continua a falar de direitos dos homens, de igualdade, terminar-se-á por pronunciar a palavra fatal: liberdade, palavra terrível e que tem muito mais força num país de escravos do que em qualquer outra parte. Então toda a revolução acabará no Brasil com o levante de escravos [...].[9]

E de fato, as intensas discussões sobre liberdade e igualdade possibilitavam exatamente a interpretação ampliada conferida por alguns escravizados. O historiador Jaime Rodrigues mostra, por exemplo, como um grupo, encabeçado por Inácio Rodrigues, depois de uma longa contenda pela alforria coletiva, solicitou à Assembleia Constituinte, estabelecida em 1823 com o objetivo de discutir e votar a Constituição, o direito de pedir revisão do processo em liberdade. Embora eles não tenham conseguido o que queriam, só o fato de terem tido o caso discutido na Assembleia demonstra que era importante levar a sério as demandas da população escravizada e liberta. Para alguns desses deputados, movimentos como a conspiração de 1798, as atitudes das milícias de pretos e pardos e as reações, muitas vezes ambivalentes, das autoridades para garantir certos direitos levavam a crer que os libertos de fato gozavam de *status* equivalente ao de cidadãos, se essa denominação então existisse.[10]

O fato de esses debates estarem sendo realizados em 1823 merece consideração. Logo após a Independência, o projeto da constituição que foi apresentado ao conjunto dos deputados em 1823 chegou a ter 24 dos seus 272 artigos aprovados, antes que a Câmara fosse dissolvida. Entre eles, o de número 21, sobre a inviolabilidade do direito de propriedade (salvo, apenas, conveniência pública, que previa indenização para expropriação de bens) foi referendado sem qualquer discussão. Outros, porém, não receberam aprovação tão rápida: o artigo 5, que definia quem eram os brasileiros, provocou enormes discussões, compreendidas nas oito sessões ocorridas entre 23 de setembro e 2 de outubro.

A discussão entre os deputados começou quando, à epígrafe do mencionado artigo, "Dos membros da sociedade do Império do Brasil", o deputado Vergueiro propôs que, em vez de "membros", se usasse a palavra "cidadãos", acrescentando: "se é quem se chamam cidadãos os membros do Império".[11] À sua afirmação sobrevieram uma série de apartes, advindos do entendimento de que esse deputado havia incluído entre os cidadãos os índios e escravos – o que ele se apressou a negar, sem, no entanto, solucionar o problema:

> de força havemos de confessar que [índios e escravos] não entram na classe dos cidadãos, [...] que não são brasileiros no sentido próprio [...]. São homens para não serem tiranizados, mas (permita-se-me o uso da expressão dos jurisconsultos, bem que bárbara, mas é política) enquanto ao exercício de direitos na sociedade são considerados cousa, ou propriedade de alguém; como tais as leis os tratam e reconhecem. Logo: como chamá-los brasileiros no sentido próprio? Como mencioná-los no código, que temos a nosso cargo? [...] Senhores, os escravos não passam de habitantes do Brasil.[12]

O dilema estava colocado. Para alguns deputados, havia habitantes do Brasil que, mesmo tendo nascido no país, não podiam ser considerados cidadãos, porque não eram membros da sociedade. Mais do que isso, havia habitantes do país que não podiam ser cidadãos porque, mesmo sendo brasileiros, eram propriedade de outros brasileiros. Nessa frase está resumida um dos principais dilemas da nascente nacionalidade brasileira: os escravizados seriam cidadãos?

Africanos, mesmo livres, poderiam ser considerados cidadãos brasileiros? Depois de muito debate, a Assembleia decidiu que não. Mesmo que a hipótese de se conceder direitos de cidadania a escravos não tivesse jamais sido considerada com seriedade pelo conjunto dos membros da Assembleia Constituinte, o vigor com que alguns dedicavam-se a refutar essa proposta demonstrava que ela não era de todo inviável para outros. E não era mesmo, se considerarmos que, para alguns deputados, cidadãos eram os indivíduos que tinham direitos, e era reconhecido por muitos que os escravos tinham direitos, principalmente o de serem protegidos pelo Estado.

Se a grande maioria concordava que africanos escravizados não deveriam ter direitos de cidadania brasileira, posto que não tinham nascido no Brasil – poucos levavam em consideração o fato de que não tinham vindo da África por livre e espontânea vontade –, teoricamente não era fácil argumentar a favor da exclusão da cidadania de escravos brasileiros, já que ninguém ousava dizer que não eram indivíduos, e não se tinha como invalidar o nascimento em território brasileiro. Seguindo esse raciocínio, seria quase impossível negar direitos de cidadania a libertos, principalmente aos brasileiros, como ficou claro a partir da discussão do parágrafo 6 do mesmo artigo, que definia que "os escravos que obtiverem carta de alforria" poderiam ser cidadãos.

DEPOIS DA INDEPENDÊNCIA

Como se sabe, a Assembleia Constituinte foi dissolvida por D. Pedro I em 1823. A Constituição outorgada em 1824, se não traria grandes mudanças em relação à definição de cidadania e de brasileiros, também, como era de se esperar, não previa a discussão mais aprofundada da condição de escravizados e libertos. O medo de sublevações, revoltas e descontrole social explica a construção da correlação cidadania e segurança pública realizada por muitos proprietários e autoridades no Brasil durante o processo de independência. A segurança pública estava relacionada ao bem-estar e à proteção dos bons cidadãos, e estes tinham o dever de se preocupar e zelar por ela; por isso a dificuldade de muitos em considerar os libertos como cidadãos de fato, já que, para aqueles, estes seriam alguns dos principais responsáveis pela onda de revoltas e descontentamentos que varria o Império.

Ao fim, embora muitos escravizados, livres e libertos tenham tentado alargar o significado da palavra liberdade no período, a realidade é que, se olharmos para o país como um todo, essa possibilidade era restrita a poucos; e ainda assim, pouquíssimos lograram ascender socialmente e gozar dos direitos previstos na Constituição. Isso não significa, no entanto, que tenham deixado de lutar por esses direitos. E, como já argumentaram tantos autores, isso também não significa que a população negra brasileira, escravizada ou livre, não tenha tido um projeto político. Como visto, esse projeto não foi estruturado nos moldes tradicionais, mas se tratava, de fato, de reivindicações de liberdade, autonomia e participação na vida pública.

Ao longo das décadas de 1820 e 1830, foram vários os movimentos populares que deram sequência às reivindicações por direitos e por igualdade dos "homens de cor". De artigos em jornais, reivindicações por soldos até revoltas, como a Sabinada, na Bahia, são muitos os exemplos de que a luta por direitos, se já era antiga em 1822, não arrefeceu nas décadas seguintes.

Notas

[1] LUSTOSA, Isabel, "Em 1822, o povo mal ouviu falar da independência do Brasil", *Folha de S.Paulo*, 9 out. 2021.
[2] Neste texto, estou me baseando no meu livro o *Fiador dos brasileiros* (Rio de Janeiro, Civilização Brasileira, 2002). Muita pesquisa foi feita depois da publicação do livro, que reforça esta perspectiva.
[3] MAMIGONIAN, Beatriz, "Tráfico de escravos, africanos livres e trabalho compulsório ou os silêncios na história da Independência". In: COSTA, Wilma Peres; CRAVO, Télio (org.). *Independência: memória e historiografia*. Biblioteca Brasiliana Mindlin (BBM-USP)/SESC, junho de 2021.
[4] SCHULZ, Kirsten. *Versalhes Tropical*. Rio de Janeiro: Civilização Brasileira, 2008.
[5] O trecho é citado por vários historiadores. Entre eles: SLEMIAN, Andrea. *Sob o império das leis*: constituição e unidade nacional na formação do Brasil (1822-1834). São Paulo: Hucitec, 2009, p. 163.

[6] *Gazeta do Rio de Janeiro*, 10 out. 1822. Disponível em: <http://memoria.bn.br/DocReader/docreader.aspx?bib=749664&pasta=ano%20182&pesq=henriques&pagfis=7545>. Acesso em: 21 abr. 2022. In: BARRETO, Adriana. Quem eram os "briosos militares"? O exército de d. Pedro às vésperas da independência (Rio de Janeiro, 1821-1822). In COSTA, Wilma Peres; CRAVO, Télio (org.). *Independência:* memória e historiografia. Biblioteca Brasiliana Mindlin (BBM-USP)/SESC, junho de 2021.

[7] BARRETO, Adriana. Quem eram os "briosos militares"? O exército de D. Pedro às vésperas da independência (Rio de Janeiro, 1821-1822). In: COSTA, Wilma Peres; CRAVO, Télio (org.). *Independência*: memória e historiografia. Biblioteca Brasiliana Mindlin (BBM-USP)/SESC, junho de 2021.

[8] REIS, João José. "O jogo duro do Dois de julho: o 'partido negro' na independência da Bahia". In: REIS, João José; SILVA, Eduardo. *Negociação e conflito a resistência negra no Brasil escravista*. São Paulo: Companhia das Letras, 1989; KRAAY, Hendrik, "Muralhas da independência e liberdade do Brasil: a participação popular nas lutas políticas (Bahia, 1820-1825)". In: MALERBA, Jurandir (org.). *A independência brasileira: novas dimensões*. Rio de Janeiro: FGV, 2006.

[9] MOTT, Luiz. "Um documento inédito para a história da independência". In: MOTA, Carlos Guilherme. *1822*: Dimensões. São Paulo: Perspectiva, 1972, p. 482.

[10] RODRIGUES, J. Liberdade, humanidade e propriedade: os escravos e a Assembleia Constituinte de 1823. *Revista do Instituto de Estudos Brasileiros da USP*, São Paulo, v. 39, pp. 159-167, 1995.

[11] GRINBERG, Keila. *O fiador dos brasileiros*: escravidão, cidadania e direito civil no tempo de Antonio Pereira Rebouças. Rio de Janeiro: Civilização Brasileira, 2002.

[12] Idem.

Bibliografia

CARVALHO, Marcus. *Liberdade*: rotinas e rupturas do escravismo no Recife, 1822-1850. Recife: Editora Universitária da UFPE, 2002.

GRINBERG, Keila. *O fiador dos brasileiros*: escravidão, cidadania e direito civil no tempo de Antonio Pereira Rebouças. Rio de Janeiro: Civilização Brasileira, 2002.

KRAAY, Hendrik. Muralhas da independência e liberdade do Brasil: a participação popular nas lutas políticas (Bahia, 1820-1825). In: MALERBA, Jurandir (org.). *A independência brasileira*: novas dimensões. Rio de Janeiro: Editora FGV, 2006.

RIBEIRO, Gladys S. O desejo da liberdade e a participação dos homens livres pobres e de cor na independência do Brasil. *Cadernos Cedes*. Campinas, v. 22, n. 58, pp. 21-45, 2002.

RODRIGUES, J. Liberdade, humanidade e propriedade: os escravos e a Assembleia Constituinte de 1823. *Revista do Instituto de Estudos Brasileiros da USP*. São Paulo, v. 39, pp. 159-167, 1995.

Os povos indígenas

VÂNIA MOREIRA

No 7 de setembro de 2021, quando o Brasil completou 199 anos de independência em relação a Portugal, importantes manifestações políticas ocorreram na capital da República. Os povos indígenas chegaram a Brasília dias antes, reunindo representantes de 176 povos e mais de 6 mil indígenas, com objetivo de defender o artigo 231 da Constituição de 1988 contra a tese do marco temporal. A Constituição assegura aos indígenas o "direito originário" sobre suas terras, bem como a possibilidade de cultivarem a diversidade étnica, linguística, sociocultural e econômica de seus povos e comunidades, enquanto o marco temporal é uma interpretação jurídica que, no Supremo Tribunal Federal (STF) e em outros espaços dos poderes Judiciário e Legislativo brasileiros, procura restringir o direito à terra somente aos grupos indígenas que estivessem de posse dela no dia 5 de outubro de 1988, data da promulgação da Constituição.

A tese do marco temporal é defendida por seguimentos econômicos ligados ao agronegócio e à mineração e conta com o apoio político do governo Bolsonaro e de sua base parlamentar no Congresso Nacional. Para fazer frente a esse possível retrocesso, os indígenas organizaram o que está sendo considerada a maior mobilização dos povos originários da história do Brasil: criaram o acampamento *Luta pela Vida* para abrigar os manifestantes na capital da República; realizaram vigília em frente ao STF; e promoveram a Marcha das Mulheres Indígenas, que chegou a Brasília no dia 7 de setembro, no mesmo dia em que o presidente da República organizou, sob o disfarce das comemorações oficiais do dia da Independência, manifestações claramente golpistas e antidemocráticas, que reivindicavam literalmente o fechamento do STF em faixas e panfletos. Não foi fortuito que, no dia da pátria, indígenas e bolsonaristas tenham dirigido seus olhares justamente ao STF, o guardião supremo da Constituição. Afinal, o que está em disputa atualmente no Brasil é justamente a ordem constitucional, especialmente os direitos sociais, políticos e civis consagrados em 1988. Do ponto de vista histórico, o encontro de indígenas e bolsonaristas pode ser interpretado como a ponta de um *iceberg* de estruturas políticas e sociais mais profundas e antigas, que remontam ao próprio momento de independência e da construção do Estado brasileiro ao longo do século XIX.

Nas páginas deste capítulo, serão analisadas algumas camadas desse *iceberg* e, para isso, exploraremos o processo de independência do ponto de vista dos indígenas e das questões suscitadas por eles no processo de constitucionalização do novo regime político.

NATIVISMO, INDIANISMO E IDEOLOGIA DO DESAPARECIMENTO DOS INDÍGENAS

A valorização das raízes indígenas do Brasil foi particularmente importante para a geração política que protagonizou o processo de independência. Homens que até a véspera da emancipação se consideravam portugueses nascidos no Brasil passaram a buscar antepassados indígenas e até mesmo a inventá-los para demarcar suas distâncias políticas em relação a Portugal. Um caso emblemático é o de Francisco Gê de Acaiaba e Montezuma, cuja minibiografia foi escrita por Lúcia Guimarães, no *Dicionário do Brasil Imperial (1822-1889)*. Ele nasceu em Salvador, em 23 de março de 1794, e foi batizado com o nome de Francisco Gomes Brandão. Formou-se em Medicina na Bahia e, logo depois, partiu para Portugal, onde cursou Direito na Universidade de Coimbra, formando-se em 1820. Lá recebeu de seus colegas o apelido de Montezuma, o imperador asteca. Ao retornar ao Brasil, em 1821, participou das lutas pela independência na Bahia e, como prova de brasilidade, modificou novamente seu nome, incorporando Gê, em alusão aos grupos indígenas Jê dos sertões do Brasil central, e Acaiaba, nome de uma árvore nativa. Posteriormente, foi constituinte em 1823, ministro da Justiça na regência de Feijó (1835-1837), deputado provincial pelo Rio de Janeiro e senador pela Província da Bahia, tornando-se o visconde de Jequitinhonha.

Outro caso interessante é o de José de Bonifácio de Andrada e Silva, popularmente conhecido como o "patriarca da Independência". Ele não modificou o próprio nome, mas juntamente com seu irmão fundou o jornal *O Tamoyo*, utilizando um etnônimo atribuído a certos povos tupi que viviam na costa atlântica, entre São Paulo e Cabo Frio. Os tamoios entraram para a história como uma confederação de diferentes tribos que combateram a dominação dos portugueses, entre 1554 e 1567, enquanto *O Tamoyo* foi utilizado pelos irmãos

Andrada para divulgar suas opiniões políticas durante a vigência da Assembleia Geral Constituinte de 1823.

Nas Letras, vale mencionar que o principal movimento literário do Brasil do século XIX foi o romantismo, que também usou a imagem dos indígenas para simbolizar o nativismo brasileiro em termos de "independência espiritual, política, social e literária".[1] Os indígenas do romantismo eram personagens caricatos e idealizados em padrões de "maus" e "bons selvagens", sem qualquer verossimilhança com os povos indígenas do passado colonial ou coetâneos dos escritores do período. Essa tendência literária ficou conhecida como indianismo e teve em José de Alencar, autor da famosa trilogia *O Guarani* (1857), *Iracema* (1865) e *Ubirajara* (1874), o seu mais importante represente do século XIX.

Desde o período colonial, os portugueses dividiram os diferentes povos indígenas entre "tupi", falantes do tupi-guarani, e "tapuia", falantes de outras línguas consideradas "travadas", incompreensíveis. Os tupis foram os povos que mais contato tiveram com os portugueses, que com eles se uniram por meio de pactos políticos e de casamentos e foram considerados, por essas e outras razões, mais "civilizáveis" que os tapuias. Estes eram tidos como povos "bárbaros", resistentes, belicosos, como os aimorés do período colonial e os botocudos do século XIX, que eram, aliás, seus descendentes. As imagens simplificadas e caricatas de "bons" e "maus" indígenas povoam os discursos de políticos e de letrados do século XIX, que frequentemente mobilizaram palavras dicotômicas como "mansos" *versus* "bravos", "civilizados" *versus* "bárbaros" e "tupis" *versus* "tapuias" para se referir ao universo variadíssimo de povos, etnias, culturas e línguas indígenas então existentes.

Além disso, o século XIX herdou outra convicção vinda do período colonial: a de que o destino dos indígenas era desaparecer da face da terra. Ou por morte física, sina dos tapuias, dos índios bravos, que seriam mortos pelas guerras derivadas do avanço da colonização, ou por morte de seus costumes, línguas e modo de viver, sorte reservada aos mansos, que ao abraçarem a "civilização" e com ela se miscigenassem supostamente deixariam de ser "índios puros" ou "verdadeiros índios".

 O indianismo do século XIX caminhou ao lado do processo de independência e de formação do Estado imperial e foi muito eficiente em atualizar a dicotomia tupi/tapuia, bem como a ideia do "inevitável" desaparecimento dos indígenas. José de Alencar, por exemplo, criou enredos ambientados no início da colonização portuguesa em que os indígenas terminam morrendo e desaparecendo, por diferentes razões, em favor da nova sociedade que estava em formação e que, mais tarde, daria origem à sociedade brasileira. No livro *Dialética da colonização*, Alfredo Bosi argumentou que o indianismo, especialmente a obra alencariana, criou e propagou o "mito sacrificial", em que o indígena se entrega de corpo e alma voluntariamente ao colonizador e por ele morre para dar lugar à nova sociedade e nação. Bosi analisa vários exemplos, dentre os quais o sacrifício de Peri por Ceci no livro *O Guarani*. Na base do sacrifício indígena, explica o escritor, está o amor e a veneração de Peri por Ceci e também seus nobres valores morais, como a lealdade e a coragem. Para Bosi, todavia, mais do que uma simples idealização do indígena e do passado, o indianismo representa uma "violação da história", que fragorosamente esconde a rebeldia e a resistência dos povos originários contra o processo de conquista e colonização.[2]

 Na mesma direção desenvolve-se a crítica literária de Antonio Paulo Graça no livro *Uma poética do genocídio*. Para ele, o indianismo "embeleza" diferentes modalidades de violência cometidas contra os indígenas, propaga a mensagem da superioridade moral dos brancos sobre os indígenas e termina por atribuir aos indígenas a responsabilidade de seu próprio desaparecimento. Graça discute vários exemplos, dentre eles um diálogo entre Iracema e Martim, em que a violência é embelezada por meio do recurso ao amor romântico. A cena é ambientada no princípio do século XVII. Os portugueses, em aliança com os potiguares, estavam conquistando o que hoje representa o Ceará e movendo guerra contra os tabajaras. Iracema, uma tabajara, apaixonou-se por Martim, um colonizador português, e, por causa desse amor, decidiu trair seu povo, dispondo-se a assassinar o próprio irmão para que seu amado não sujasse as mãos com o sangue de sua família. José de Alencar constrói o seguinte diálogo entre os protagonistas da trama:

> Martim pôs no rosto da virgem olhos de horror:
> – Iracema matará seu irmão?
> – Iracema antes quer que o sangue de Caubi tinja sua mão que a tua: porque os olhos de Iracema veem a ti, e a ela não.[3]

Como salientou Antonio Paulo Graça, o amor romântico não justifica nem perdoa tudo na obra de José de Alencar. Se assim fosse, Martim não olharia Iracema com "horror". Para ele, ao embelezar o processo de desaparecimento dos indígenas, o indianismo recalca as violências cometidas contra os povos originários, jogando para o inconsciente da sociedade brasileira muitas questões importantes, como as guerras, os extermínios deliberados de vários grupos e povos, as doenças e epidemias, as escravizações e o tráfico de pessoas. O indianismo é, para Paulo Graça, tanto o sintoma de um país e de uma sociedade que tem enorme dificuldade em discutir o genocídio indígena, como um discurso legitimador das violências perpetradas contra esses povos. Como explica o autor: "Não se exterminam, por séculos, nações, povos e culturas sem que, de alguma maneira, haja uma instância do imaginário que tolere o crime."[4]

EXPANSÃO DAS FRONTEIRAS ECONÔMICAS E GENOCÍDIO INDÍGENA

A História e a Antropologia mobilizam as palavras genocídio e etnocídio para problematizar alguns aspectos das relações históricas entre povos indígenas e colonizadores, desde que estes chegaram ao Novo Mundo, em 1492. Na acepção mais corrente desses conceitos, ambos definem práticas sociais, políticas de Estado e processos históricos de profunda e sistemática violência contra os povos indígenas. Mas, como observou o antropólogo Pierre Clastres no livro *Arqueologia da violência*, enquanto o genocídio mata o corpo físico dos povos originários, o etnocídio visaria à morte de seu espírito, do seu modo de viver e de pensar o mundo, obrigando-os a abraçar e viver segundo os valores do Ocidente.

A historiografia referente à construção do Brasil independente demonstra dificuldades em incluir os indígenas no processo histórico e não encara, de modo realmente esclarecedor, a questão da violência sistematicamente cometida contra eles. Isso tem permitido a difusão de convicções históricas equivocadas. Uma delas é a de que as guerras, as escravizações e as epidemias praticamente dizimaram os povos originários ainda no período colonial, tornando-os irrelevantes para a compreensão do processo histórico de construção do Estado e da nação brasileira. Desse modo, o genocídio seria uma questão muito mais do período colonial do que do propriamente nacional. Todavia, o genocídio indígena está na base, nas estruturas mais profundas do processo de emancipação política brasileira, que deve ser considerado em uma temporalidade mais longa, situando 1808 como um dos marcos centrais do processo.

O ano de 1808 sinaliza a transferência da Corte portuguesa para o Rio de Janeiro e a imediata implementação de várias medidas que, tomadas em conjunto, abriram novas perspectivas econômicas e políticas para o Brasil: abertura dos portos ao comércio direto com o estrangeiro, autorização do livre estabelecimento de fábricas e manufaturas e, poucos anos depois, em 1815, a elevação do Brasil à categoria de Reino. Na prática, o Brasil se livrou das amarras coloniais, ingressando em um processo crescente de emancipação econômica e política. A mesma temporalidade carrega, todavia, um significado completamente distinto para uma enorme parte dos povos indígenas do período, em especial para aqueles que viviam de modo autônomo ou relativamente independente em relação ao governo colonial. Os anos imediatamente anteriores à Independência coincidem com o acirramento da face mais agressiva do colonialismo, graças ao retorno das guerras ofensivas contra os povos indígenas dos sertões, então chamadas de "guerras justas".

De acordo com a legislação portuguesa do período, a maneira legal de reduzir indígenas ao cativeiro era por meio da guerra justa. O cativeiro indígena era, portanto, uma espécie de punição imposta aos sobreviventes de guerra, diferindo do sistema escravista que recaía sobre as pessoas africanas e afrodescendentes. A política de guerra e de cativeiro desencadeada pelo príncipe regente D. João recebeu a eufêmica alcunha de "escola severa" de "civilização" dos índios e serviu para estimular e garantir a expansão econômica e a colonização em várias frentes do território. Em Minas Gerais, Espírito Santo e Bahia, a carta régia de 13 de maio de 1808 mandou mover guerra ofensiva contra os povos borun do rio Doce, então conhecidos como botocudos, e ainda permitiu o cativeiro dos sobreviventes enquanto durasse sua suposta "fereza". Pouco depois, veio a lume a carta régia de 5 de novembro de 1808, que autorizou a guerra ofensiva contra os "bugres" em outra frente de expansão da economia colonial: os campos de Curitiba e Guarapuava, onde viviam os kaingang.

Dando seguimento à guerra, foi publicada a carta régia de 1º de abril de 1809, em que o monarca informou que não fazia parte de seus princípios religiosos e políticos "extirpar" as "raças indígenas" para estabelecer sua soberania sobre os campos de Guarapuava e territórios adjacentes. Todavia, autorizou a continuidade da guerra e do cativeiro dos prisioneiros por 15 anos. Ainda esclareceu que, para as crianças, o tempo de cativeiro começava a contar a partir dos 12 anos para as meninas e dos 15 para os rapazes. A mesma política de extermínio e cativeiro continuou nos anos seguintes. A carta régia de 5 de setembro de 1811, por exemplo, versava sobre a comunicação e o comércio entre as capitanias do Pará e de Goiás, e nela foram autorizadas as mesmas "graças e privilégios" que o príncipe regente havia concedido na carta régia de 13 de maio de 1808, isto é, o direito de mover guerra, matar e pôr em cativeiro os indígenas capturados, autorizando o uso da "força armada" contra as nações canajá (karajá), apinajé, xavante, xerente e canoeiro.

Na mitologia romana, Janus era uma divindade bifronte, que mantinha uma face para atrás e outra para frente. É como Janus que devemos olhar a legislação e a política joanina das guerras justas. Olhando para trás, para o passado, as guerras e o retorno do cativeiro nas capitanias de São Paulo, Minas Gerais, Espírito Santo, Bahia, Goiás e Pará representaram uma ruptura em relação à política indigenista ilustrada e reformista do secretário de Estado Sebastião José de Carvalho e Melo, posteriormente conhecido como Marquês de Pombal, implementada no Brasil a partir de 1755. Desse ponto de vista, o retorno da guerra justa e do cativeiro era extremamente reacionário, pois, apesar dos pesares, a política pombalina priorizava a paz, a assimilação dos povos indígenas com o fito de aumentar a população colonial e o aproveitamento deles como mão de obra livre.

Olhando para frente, para o futuro, perceber-se-á que a violenta política indigenista de D. João era dissonante em relação aos mais importantes ideais políticos do século XIX, que estavam sacudindo o Velho e o Novo Mundo, ao pautarem projetos independentistas, liberais, republicanos e democráticos para os povos e as nações em ambos os lados do Atlântico. Desse ponto de vista, a política indigenista de D. João era antiquada, mas se transformou em uma escola de pensamento, dita e reconhecida como "severa", que justificou políticas violentas e até mesmo genocidas durante todo o regime imperial. O extermínio e a escravização de indígenas se enraizaram na mentalidade e nas práticas sociais dos colonizadores em todos os lugares em que as guerras ofensivas foram autorizadas. Desse modo, apesar da legislação imperial não autorizar guerras nem o cativeiro de indígenas, ambos os fenômenos perduraram ao longo do século XIX. Um dos documentos históricos mais elucidativos sobre o genocídio indígena durante o regime imperial é o testemunho de Teófilo Otoni, em um texto intitulado *Notícias sobre os selvagens do Mucuri*, primeiramente publicado na *Revista do Instituto Histórico e Geográfico Brasileiro* (RIHGB), em 1859. O IHGB era, então, uma das mais importantes instituições do período, onde circulavam o imperador Pedro II e a elite intelectual e política do Império.

  Otoni escreveu sobre os botocudos de Minas Gerais, Bahia e Espírito Santo, que moravam nas bacias dos rios Mucuri, Jequitinhonha, São Mateus e Doce. Ele conhecia bem a região porque, desde 1847, dispunha de concessão do governo mineiro para fundar a Companhia de Navegação e Comércio do Vale do Mucuri. O objetivo primordial da concessão era a criação de estradas e linhas fluviais para incentivar o comércio e a circulação de mercadorias. Mas, para fazer isso, teve que se dedicar também à colonização para dar suporte ao empreendimento. No desenvolvimento de suas atividades entrou em contato com vários povos borun (botocudos) e descreveu como funcionava o método da "caça aos indígenas". Era semelhante ao da caça da capivara, com a utilização de cachorros bem treinados, quando se "matava uma aldeia" inteira. Poupava-se apenas algumas mulheres e as crianças, que eram posteriormente traficadas. Tanto o extermínio dos indígenas quanto o tráfico de pessoas indígenas eram ilegais. Todavia, ocorreram sistematicamente sob o olhar do governo imperial e até mesmo contaram com o apoio e o incentivo das autoridades regionais e locais.

O escritor indígena Ailton Krenak, fiando-se na tradição oral de seu povo e família, sublinhou que "a guerra nunca cessou. Só diminuiu porque um dos lados não tinha mais contingente para combater. Mas os 'botocudos' continuaram sendo sangrados como galinhas, ao longo do século XX".[5] Em outras palavras, o Brasil independente colocaria na ilegalidade o cativeiro e as guerras aos indígenas, mas não poria fim ao genocídio em curso nas frentes de expansão da economia e da sociedade nacional, nem à mentalidade genocida de parte significativa dos agentes econômicos.

INDEPENDÊNCIA, CONSTITUCIONALIZAÇÃO DO NOVO REGIME E POVOS INDÍGENAS

A historiografia tem frisado o perfil conservador da Independência e do regime monárquico-constitucional instituído ao longo do século XIX. O aspecto mais visível desse conservadorismo é a manutenção da dinastia dos Bragança no poder, com D. Pedro sendo entronizado como primeiro imperador da nova nação. O pacto conservador do processo de independência permitiu que a oligarquia rural escravista criasse um aparato estatal comprometido com seus interesses e um sistema político-ideológico que compatibilizou doutrinas aparentemente contraditórias, como o liberalismo e a escravidão. No livro *Dialética da colonização*, Alfredo Bosi explicou que os interesses dessa oligarquia era criar um Estado e normas políticas e jurídicas que garantissem sua máxima capacidade de apropriar terras e de escravizar pessoas. Efetivamente, e tal como demonstram diferentes historiadores, o Estado imperial foi criado e organizado para defender os interesses dessa classe, ruindo em 1889, logo depois da abolição da escravidão, em 1888.

Em relação aos indígenas, o individualismo possessivo da oligarquia escravista foi defendido por diferentes políticos da época da Independência e nos anos seguintes do Império. Mas foi o historiador

Francisco Adolfo de Varnhagen quem melhor expressou e justificou o extermínio físico dos povos que fossem considerados "obstáculos" à apropriação e à exploração econômica de novas terras. No final década de 1840, Varnhagen expôs suas ideias em um panfleto político intitulado "Discurso preliminar: os índios perante a nacionalidade brasileira", posteriormente publicado na sua obra *História Geral do Brasil*. Nesse panfleto defendeu as bandeiras de extermínio contra povos resistentes e a tese de que os indígenas não deveriam ser considerados "cidadãos" do Império, tampouco "brasileiros". O único modo de eles viverem na nova nação brasileira deveria ser na condição de servos da classe proprietária do campo e das cidades.

Apesar de boa parte da oligarquia rural escravista ser simpática às teses de Varnhagen, o extermínio e o cativeiro dos indígenas não iriam vigorar no discurso oficial do Império, nem tampouco nas leis e nas políticas de Estado. O novo regime adotou o chamado método brando de civilização, frisando os direitos de os índios gozarem de liberdade, terras e cidadania no novo Brasil independente. No artigo "Política indigenista no Brasil imperial", Patrícia Sampaio demonstrou que essa tendência ficou evidente alguns dias depois da ruptura política, em 23 de setembro de 1822. Nesta data, Pedro I e seu círculo político mais próximo tomaram as primeiras medidas legais do novo regime em relação aos indígenas. Por um lado, revogou a lei do Diretório pombalino, ou Diretório dos Índios, que instituía um sistema controle e tutela sobre os indígenas, então considerados insuficientemente capazes de se autogovernarem. Por outro, revalidou outras duas leis pombalinas: a de 4 de abril de 1755, que versava sobre os casamentos mistos entre indígenas e brancos, e a de 6 de junho do mesmo ano, mais conhecida como a Lei das Liberdades, que reconhecia a plena liberdade deles para administrarem suas pessoas, bens e comércio sem tutela alguma.

Tomadas em conjunto, essas medidas legais indicam pelo menos duas intenções principais: reafirmar a liberdade jurídica de todos os indígenas no Brasil independente, pondo em liberdade inclusive aqueles que estavam escravizados em razão das cartas régias editadas por D. João; e informar que eles seriam regidos pelas leis ordinárias da nação, sem distinção em relação aos outros extratos da população livre. Desse modo, Pedro I se distanciou da política indigenista de seu pai, que havia reatualizado a guerra e o cativeiro justamente contra as normas e leis editadas no período pombalino. Em outras palavras, ele inaugurou a política indigenista do Brasil recém-independente revalidando a chamada Lei da Liberdade de 1755.

As fontes históricas informam, contudo, que a solução legal adotada por Pedro I não conseguiu encaminhar e resolver as questões que realmente importavam naquele momento histórico. Não resolvia, por exemplo, o problema de como lidar com os "índios bravos", o que permitiu a continuidade dos extermínios e do cativeiro em diferentes pontos do Império, apesar da revalidação da Lei das Liberdades. Tentando superar esse problema, o regime começou a editar uma legislação específica para casos particulares. A portaria de 9 de setembro de 1824, por exemplo, criou um regulamento específico para o aldeamento e a civilização dos botocudos nas margens do rio Doce. Também não tranquilizava as inquietações dos indígenas já ressocializados, que possuíam terras coletivas em vilas, povoados e aldeamentos. Pior ainda, a instabilidade e as disputas políticas do período da Independência deixaram esse seguimento social indígena em um clima de grande incerteza quanto aos seus direitos de liberdade e de possuir terras. No Ceará, por exemplo, João Paulo Peixoto Costa demonstrou que uma parte dos indígenas, então administrados em suas vilas e lugares por meio do Diretório pombalino, desconfiou da independência e, temendo a volta do cativeiro, aderiram à Confederação do Equador, realizada no Nordeste, contra o governo do Rio de Janeiro, encabeçado por Pedro I.

A constitucionalização do novo regime começou com a abertura dos trabalhos da Assembleia Geral Constituinte, em 1823. Nela, a questão indígena foi primeiramente debatida quando os deputados pautaram o tema da cidadania e de quem poderia ser considerado cidadão brasileiro. O deputado França argumentou sobre a necessidade de a lei diferenciar "brasileiros" e "cidadãos brasileiros", de acordo com a "qualidade" da população. Para ele, brasileiro eram as pessoas nascidas no Brasil, enquanto os "cidadãos brasileiros" seriam aqueles que teriam direitos cívicos. Ele fazia essa distinção porque os escravizados nascidos no Brasil eram brasileiros, mas não eram cidadãos, pois eram primeiramente propriedade de outrem. Quanto aos índios "bravos", também chamados de "tapuias", argumentou:

> Agora pergunto eu, um Tapuia é habitante do Brasil? É. Um Tapuia é nascido no Brasil? É. Um Tapuia é livre? É. Logo é cidadão brasileiro? Não, [...] pois os Índios no seu estado selvagem não são, nem se pode considerar como parte da grande família Brasileira; e são, todavia, livres, nascidos no Brasil, e nele habitantes. Nós, é verdade, que temos a Lei que lhes outorgue os Direitos de Cidadão, logo que eles abracem nossos costumes, e civilização, antes disso, porém, estão fora de nossa Sociedade.[6]

O deputado Francisco Gê de Acaiaba e Montezuma tinha uma posição parecida, mas não exatamente igual. Para ele, ser brasileiro era ser membro da sociedade brasileira e, desse ponto de vista, todo brasileiro era automaticamente cidadão brasileiro. No entanto, uns teriam mais direitos do que outros, gerando a necessidade de dividir os cidadãos entre "ativos", que poderiam votar e ser eleitos, e "passivos", que apenas poderiam votar se alcançassem uma renda mínima para isso. Pouco depois explicou, com mais detalhes, quem fazia parte da "sociedade brasileira":

> [...] falamos aqui dos Súditos do Império do Brasil, únicos que gozam dos cômodos de nossa Sociedade, e sofrem seus incômodos, que têm direitos, e obrigações no Pacto Social, na Constituição do Estado. Os Índios estão fora do grêmio da nossa Sociedade, não são súditos do Império, não o reconhecem,

nem por consequência suas autoridades desde a primeira até a ultima, vivem em guerra aberta conosco, não podem de forma alguma ter direitos, porque não tem, nem reconhecem deveres ainda os mais simples, (falo dos não domesticados) logo: como considerá-los Cidadãos Brasileiros? Como considerá-los Brasileiros no sentido político? Não é minha opinião que sejam desprezados [...]. Legislemos para eles; porém nesse sentido: ponhamos um capítulo próprio, e especial para isso em nossa Constituição; sigamos o exemplo dos Venezuelenses. Mas considerá-los já neste capitulo! Isto é novo.[7]

Observa-se que a discussão sobre os direitos dos indígenas assenta-se na distinção entre índios "bravos" e "domesticados", reconhecendo que o grande desafio era incorporar os "bravos", "selvagens" ou "tapuias" ao "grêmio da sociedade brasileira". Os povos indígenas que viviam em seus territórios e segundo suas próprias leis, costumes e organização social não eram, efetivamente, brasileiros ou cidadãos, porque viviam de modo independente em relação ao Estado imperial. Mas poderiam vir a ser depois de ressocializados na sociedade brasileira. Por isso, uma das expectativas era a de que a Constituição tivesse um capítulo privativo sobre o processo de ressocialização dos povos indígenas e seus direitos específicos. Por essa razão, foi distribuído para os deputados o texto "Apontamentos para a civilização dos índios bravos do Império do Brasil", de José Bonifácio de Andrada e Silva, para ser discutido.

O texto de Bonifácio foi primeiramente apresentado à discussão política durante as Cortes de Lisboa, em 1821, quando ainda se tentava manter o Brasil como reino unido a Portugal. Nele, Bonifácio defende a tese de que os povos indígenas "bravos" tinham "estado selvático" e eram plenamente capazes de "perfectibilidade", isto é, possuíam a capacidade humana de aprender e evoluir, pois estavam plenamente dotados do "lume natural da razão". Baseado nisso, propôs um programa de ressocialização ("civilização"), por meio da criação de novos aldeamentos ou da reativação de antigos, onde os índios retirados dos sertões e das florestas pudessem ser reunidos, fixados, controlados e ressocializados. Ele foi um defensor do método "brando de civilização", que incluía um leque bastante variado de ações, desde o convívio com os brancos e os casamentos mistos, até uma série de medidas nas áreas da educação, trabalho, vacinação e prevenção de doenças. Desse modo, nas terras e povoados indígenas, era necessário incentivar a agricultura e o comércio. O trabalho deveria ser adaptado às aptidões dos diferentes povos e, por serem juridicamente livres, deveriam receber vencimentos se trabalhassem para terceiros.

Acima de tudo, Bonifácio frisou a importância de tratar os indígenas com *"justiça"* e por justiça ele entendia não esbulhar pela força as suas terras, pois eles eram os "legítimos senhores" delas. O objetivo final de seu programa de ressocialização era acabar com a identidade étnica dos diferentes povos e grupos, destruindo sua cultura, língua, valores e organização social e política, obrigando-os a viveram segundo as regras e valores da "sociedade brasileira". O objetivo de Bonifácio era, portanto, promover o que hoje a Antropologia e a História chamam de etnocídio. Para isso, ainda recomendou que fossem introduzidos nos aldeamentos e povoados indígenas "brancos e mulatos morigerados para misturar as raças, ligar os interesses recíprocos dos índios com a nossa gente, e fazer deles todos um só corpo da nação, mais forte, instruída e empreendedora."[8]

No livro *Da Monarquia à República*, Emília Viotti da Costa frisou que, nessa mesma época, Bonifácio ainda defendeu a liberdade religiosa, a gradual emancipação dos escravizados africanos e afrodescendentes e o uso racional e produtivo das terras. Todavia, suas ideias não encontraram apoio entre a oligarquia rural e os grandes comerciantes, aprofundando o isolamento de Bonifácio no cenário político do pós-Independência. O "Apontamentos para a civilização dos índios bravos do Império do Brasil" não chegou a ser debatido na Assembleia Geral Constituinte, que terminou precocemente dissolvida por Pedro I. Pouco depois, em 1824, o monarca outorgou a Constituição do Império. Nela a definição de quem tinha o direito à cidadania brasileira foi tratada no título 2º, que adotou três princípios fundamentais: o *jus solis*, que estendia a todos os nascidos em solo brasileiro o direito de cidadania; a naturalização, que dava aos estrangeiros os mesmos direitos; e a condicionalidade da liberdade civil, que excluía em bloco todos os escravizados. Em relação aos indígenas, nada foi dito.

O silêncio da Constituição de 1824 em relação aos indígenas tem recebido diferentes interpretações. Mas, de modo geral, prevalece a compreensão de que existiu uma linha de continuidade entre as políticas indigenistas colonial e imperial. Em outras palavras, apesar de não se mencionar os índios na Carta de 1824, o novo regime legislou bastante sobre eles e sempre em uma linha de coerência em relação ao que já existia no tempo colonial. A monarquia portuguesa considerava que os povos indígenas viviam em "estado natural" e, nessa condição, eram livres e senhores de suas terras. Por isso mesmo, quando ingressavam na sociedade colonial, eles deveriam receber terras e não ser escravizados. Só a guerra autorizada pelo monarca podia, de modo justo, lhes retirar os direitos sobre suas terras e sua liberdade. Entre os mais lúcidos e importantes estadistas do Império prevaleceu o mesmo raciocínio: conquistar, ressocializar ("civilizar") e conceder direitos de cidadania. Vale dizer, além disso, que era temerário e pouco inteligente recusar aos indígenas direitos de cidadania no pacto político da Independência. Afinal, outros países em formação no mesmo período histórico poderiam reivindicá-los como seus cidadãos, ficando também com seus territórios.

Foi principalmente a partir do Segundo Reinado (1840-1889) que o regime adotou uma política indigenista estatal geral para todo o território. Primeiro, promulgando o Regulamento das Missões de Catequese e Civilização dos Índios (Decreto n. 426, de 24 de julho de 1845). Depois, reservando terras devolutas para a "colonização indígena", na Lei de Terras de 1850, uma das leis mais importantes desse período histórico, que definiu o regime e a propriedade territorial no Brasil independente, com impactos até os dias de hoje.

O regime imperial surgido da Independência inovou pouco e foi incapaz de pôr freio às diferentes violações contra os diretos indígenas à vida, à liberdade e à terra. Bandeiras de extermínio e captura de sobreviventes para alimentar o tráfico ilegal continuaram nas frentes de expansão da economia e da sociedade, ao lado de políticas de pacificação e de aldeamento baseadas no Regulamento das Missões de 1845. Além disso, a maior parte dos estabelecimentos criados pelo Regulamento de 1845 se localizava em regiões de fronteira internacional, com o fito de garantir a soberania do Império sobre o território.

PROTAGONISMO INDÍGENA E CIDADANIA

A Monarquia portuguesa era acostumada a governar povos de diferentes etnias, línguas e culturas, situados na África, na Ásia e no Brasil. O fundamental para o poder metropolitano era, então, obter a lealdade política dos povos conquistados, que deveriam reconhecer o rei como soberano e sua religião, o catolicismo. Por isso mesmo, nos aldeamentos coloniais, a Coroa era relativamente tolerante em relação a vários traços étnicos dos indígenas, especialmente em relação àqueles que não ameaçassem o poder soberano do rei e os dogmas e as regras mais essenciais da Igreja, como a língua, os cantos, as danças e as festas. Isso permitiu que os indígenas ressocializados no mundo colonial pudessem continuar desfrutando de suas identidades indígenas, ao mesmo tempo que passavam a agregar e a assumir novas identidades políticas e religiosas, como as de vassalos do rei e a do índio cristão. A partir das reformas pombalinas, os indígenas passaram a ser objeto de políticas mais contundentes de assimilação social, graças aos incentivos aos casamentos mistos, à obrigatoriedade do uso da língua portuguesa e aos aforamentos de suas terras aos não indígenas. O objetivo era, então, dissolvê-los na massa da população livre colonial, destruindo, por meio de métodos supostamente "brandos", suas identidades étnicas, sua indianidade.

Com o processo de independência, as políticas de assimilação dos povos originários se intensificaram ainda mais. Do ponto de vista do discurso oficial do Estado imperial, os indígenas deveriam ter suas vidas e corpos preservados, mas não suas culturas e menos ainda suas identidades étnicas. Projetos, leis e políticas do Império passam a apregoar a rápida assimilação e "nacionalização" dos indígenas, segundo a orientação política, característica do século XIX, de que uma nação deveria supostamente corresponder a um só povo, uma só língua e uma só cultura. Desse modo, foi-se construindo o argumento de que ser indígena e ser brasileiro fossem dois tipos de identidades incompatíveis. Em linhas gerais, essa política indigenista etnocida vigorou no Brasil até bem recentemente, sendo juridicamente abolida apenas em 1988, com a promulgação da Constituição.

Atualmente, o povo brasileiro é compreendido como politicamente soberano e plural nas suas culturas, línguas e religiões. E se hoje somos todos cidadãos e plurais em cores, crenças, culturas e línguas, isso se deve muito ao protagonismo político e social dos povos originários. Na longa duração da história colonial e brasileira, mulheres e homens indígenas lutaram bravamente pela própria vida, pela de suas famílias, filhos e povos contra a lógica binária e violenta das políticas indigenistas oficiais, que oscilavam perigosamente entre o genocídio e o etnocídio. Em 1988, conseguiram superar esse marco político binário, pois saiu vitorioso um novo ordenamento jurídico e político que oferece garantias à vida física, econômica e espiritual (cultural) dos povos originários, ao mesmo tempo que os consideram plenamente cidadãos brasileiros. Não é por acaso, portanto, que os atuais povos indígenas defendem a Constituição de 1988, são contra a tese do marco temporal e deram o nome de seu acampamento, em Brasília, de *Luta pela Vida*.

Entrevista com Luiz Eloy Terena

Luiz Eloy Terena é advogado indígena, atuando no Supremo Tribunal Federal (STF) e em organismos internacionais. É Coordenador do Departamento Jurídico da Articulação dos Povos Indígenas do Brasil (APIB) e da Coordenação das Organizações Indígenas da Amazônia Brasileira (COIAB). Possui doutorado em Antropologia Social pelo Museu Nacional (UFRJ), pós-doutorado em Antropologia na École des Hautes Études en Sciences Sociales (EHESS – Paris) e estágio de pesquisa na Brandon University (Canadá).

Vânia Moreira: Eloy, você é um advogado importante da causa indígena e, em uma de suas entrevistas, você afirmou que o problema indígena não era a Constituição de 1988, mas o fato de ela não ser plenamente cumprida. Você poderia explicar a importância do artigo 231, especialmente do conceito "direitos originários sobre as terras que tradicionalmente ocupam" presente neste artigo?

Luiz Eloy Terena: O art. 231 da Constituição Federal de 1988 é um produto da mobilização indígena. Mesmo antes da Assembleia Nacional Constituinte de 1987-1988, os povos indígenas se organizaram para incidir sobre o texto que iniciaria uma nova ordem jurídica, no contexto de reabertura democrática do Estado brasileiro. A tarefa do constitucionalismo brasileiro foi bem cumprida, no esforço de superar o legalismo autoritário, característico da Constituição anterior. E os povos indígenas participaram massivamente desse processo com forte ebulição social. Desde a formação da Comissão Provisória de Estudos Constitucionais, conhecida como Comissão Afonso Arinos, que tinha como missão apresentar um anteprojeto da Constituição de 88, os povos indígenas se reuniram com o Professor José Afonso da Silva para discutir os artigos que tratariam da questão indígena. Posteriormente, durante os trabalhos da Assembleia, os indígenas se fizeram presentes em momentos cruciais, de forma a garantir que o art. 231 protegesse os direitos indígenas de forma ampla, como é o caso. Ter o reconhecimento de que nossos direitos territoriais são originários é fundamental. É o Estado brasileiro reconhecer que eles são anteriores à formação do próprio Estado. Este sim, um produto da colonização que invadiu nossas terras. Não somos nós os invasores. Por isso não faz qualquer sentido discutir uma tese abstrata de um marco temporal para demarcação das terras indígenas. O compromisso constitucional é claro ao dizer que é dever da União demarcá-las e protegê-las, extraindo o fundamento de validade da posse indígena sobre as terras tradicionais diretamente da Constituição Federal. É nisso que reside a complexidade e a importância do art. 231.

Vânia Moreira: Até a Constituição de 1988, a expectativa do Estado brasileiro era de que os povos indígenas fossem assimilados à sociedade nacional, para se tornarem plenamente "cidadãos brasileiros". Na sua avaliação, o que é ser um cidadão indígena nos dias de hoje? No que o cidadão indígena difere dos demais cidadãos?

Luiz Eloy Terena: A diferença está na diversidade. Os povos indígenas, mesmo entre nós, somos diversos. São culturas distintas. Com modos de ser e viver diferenciados. Falamos mais de 150 línguas originárias. Essa é a diversidade que compõe o Brasil. Não é o mito da unidade nacional, reduzindo-nos à universalização, quando na verdade somos tantos. Aliás, tivemos esse debate na ANC 87-88, sobre sermos um país pluriétnico ou plurinacional. Materialmente, é o que somos. E a CF 88 também protege essa diversidade cultural. Ser indígena no Brasil de hoje é também lutar para o reconhecimento dessa diversidade e dos direitos que a ela são inerentes.

Vânia Moreira: Para terminar, gostaria que você explicasse o significado da tese do "marco temporal" e por que os povos indígenas são contra essa interpretação constitucional.

Luiz Eloy Terena: O marco temporal é a oposição ao imperativo constitucional que consagra os direitos originários aos territórios indígenas. É uma abstração criada, de forma arbitrária, que tenta estabelecer que os povos indígenas só teriam direito a seus territórios tradicionais se estivessem nele no dia 5 de outubro de 1988, data da promulgação da Constituição Federal. Somos contrários porque essa interpretação inconstitucional desconsidera nossos territórios, em favor da grilagem, uma das matrizes fundantes da divisão desigual de terras no Brasil. Se os povos indígenas não estavam em suas terras em uma determinada data, é porque foram expulsos de seus lares por invasores, fato marcante ao longo de toda a história colonial e que atravessa os séculos até os dias atuais. Em pleno ano de 2021, os povos indígenas são obrigados a recorrer às instâncias judiciais, incluindo a mais alta corte desse país, para exigir a proteção dos territórios contra usurpadores, como vem acontecendo no âmbito da Arguição de Descumprimento de Preceito Fundamental (ADPF) 709, proposta pela Articulação dos Povos Indígenas do Brasil (APIB). Como é que poderiam se defender das invasões, se antes de 1988 nem sequer poderiam acessar plenamente o sistema de justiça? A tutela, traço do colonialismo que orientou o assimilacionismo de Estado anterior à CF 88, inscrita no Estatuto do Índio, impedia-nos de acessar de forma autônoma os tribunais. É perverso exigir que os povos indígenas provem que estavam resistindo à expulsão. Muitos entregaram suas vidas para isso. Há sangue indígena derramado em cada território invadido. E por isso temos no marco temporal não só uma interpretação inconstitucional, mas também uma crueldade desumana diante dos povos originários do Brasil.

(Entrevista exclusiva para este livro.)

Notas

[1] COUTINHO, Afrânio. *A literatura no Brasil*: era romântica. 6. ed. São Paulo: Global, 2002, p. 24.
[2] BOSI, Alfredo. *Dialética da colonização*. São Paulo: Companhia das Letras, 1992, pp. 177 e 179.
[3] ALENCAR, José apud GRAÇA Antônio Paulo. *Uma poética do genocídio*. Rio de Janeiro: Topbooks, 1998, p. 49.
[4] GRAÇA, Antônio Paulo. *Uma poética do genocídio*. Rio de Janeiro: Topbooks, 1998, p. 25.
[5] KRENAK, Ailton. Entrevista – Genocídio e resgate dos "Botocudos". *Estudos Avançados*, v. 23, n. 65, p. 193- 204, 2009, p. 197.
[6] BRASIL. Assembleia Geral, Constituinte e Legislativa (1823). Diário da Assembleia Geral, Constituinte e Legislativa do Império do Brasil – 1823/ Introdução Pedro Calmon. Ed. fac-similar. Brasília: Senado Federal, Conselho Editorial, 2003. Sessão de 23 de setembro, p. 90. Disponível em: <https://www2.camara.leg.br/a-camara/documentos-e-pesquisa/arquivo/constituinte-1823-1/constituinte-1823>. Acesso em: 26 abr. 2022. Nesta e em outras citações do mesmo corpo documental, optou-se pela modernização ortográfica, respeitando, contudo, as ênfases, as expressões de época e a pontuação.
[7] BRASIL. Assembleia Geral, Constituinte e Legislativa (1823). Diário da Assembleia Geral, Constituinte e Legislativa do Império do Brasil – 1823/ Introdução Pedro Calmon. Ed. fac-similar. Brasília: Senado Federal, Conselho Editorial, 2003. Sessão de 23 de setembro, p. 90. Disponível em: <https://www2.camara.leg.br/a-camara/documentos-e-pesquisa/arquivo/constituinte-1823-1/constituinte-1823>. Acesso em: 26 abr. 2022.
[8] SILVA, José Bonifácio de Andrada E. Apontamentos para a civilização dos índios bravos do Império do Brasil. In: CALDEIRA, Jorge (org.). *José Bonifácio de Andrada e Silva*. São Paulo: Ed. 34, 2002, p. 198.

Bibliografia

CLASTRES, Pierre. *Arqueologia da violência*: pesquisas de antropologia política. São Paulo: Cosac & Naify, 2004.
COSTA, Emília Viotti. *Da Monarquia à República*: momentos decisivos. São Paulo: Grijalbo, 1977.
COSTA, João Paulo Peixoto. Os índios do Ceará na Confederação do Equador. *Revista Brasileira de História*, São Paulo, v. 37, n. 75, 2017. Disponível em: <http://dx.doi.org/10.1590/1806-93472017v37n75-06>. Acesso em: 11 abr. 2018.
COUTINHO, Afrânio. *A literatura no Brasil*: era romântica. 6. ed. São Paulo: Global, 2002.
CUNHA, Manuela Carneiro da (org.). *Legislação indigenista no século XIX*: uma compilação. São Paulo: Edusp,1992.
DUARTE, Regina Horta (org.). *Notícias sobre os selvagens do Mucuri*. Belo Horizonte: Ed. UFMG, 2002.
GUIMARÃES, Lúcia. Francisco Gê de Acaiaba e Montezuma (verbete). In: VAINFAS, Ronaldo (org.). *Dicionário do Brasil Imperial (1822-1889)*. Rio de Janeiro: Objetiva, 2002, pp. 290-292.
KRENAK, Ailton. Entrevista – Genocídio e resgate dos "Botocudos". *Estudos Avançados*, v. 23, n. 65, pp. 193-204, 2009.
MOREIRA, Vânia Maria Losada. A caverna de Platão contra o cidadão multidimensional indígena: Necropolítica e cidadania no processo de independência (1808-1831). *Acervo*, Rio de Janeiro, v. 34, n. 2, pp. 1-26, maio/ago. 2021.
_____. Kruk, Kuruk, Kuruca: genocídio e tráfico de crianças no Brasil imperial. *História Unisinos*, v. 24, n. 3, pp. 390-404, set./dez. 2020. doi: 10.413/hist.2020.243.05
NOGUEIRA, Octaciano. *Constituições Brasileiras*: 1824. 3. ed. Brasília: Senado Federal, 2012.
SAMPAIO, Patrícia. M. Política indigenista no Brasil imperial. In: GRINBERG, K.; SALLES, R. *O Brasil Imperial*: 1808-1831. Rio de Janeiro: Civilização Brasileira, 2009, v. 1.
SILVA, José Bonifácio de Andrada e. Apontamentos para a civilização dos índios bravos do Império do Brasil. In: CALDEIRA, Jorge (org.). *José Bonifácio de Andrada e Silva*. São Paulo: Ed. 34, 2002, pp. 183-199.
VARNHAGEN, Francisco Adolpho de. Discurso Preliminar. In: *História Geral do Brasil*. Tomo Segundo. Rio de Janeiro: E. e H. Laemmert, 1857, pp. XV-XXVIII.

Depois da Independência

NEUMA BRILHANTE

Mas, afinal, qual o significado da Independência do Brasil? Se o Brasil continuou sendo uma monarquia escravista agroexportadora, o que mudou? Algo mudou? O que permaneceu?

A resposta mais curta é: os primeiros anos que se seguiram à Independência do Brasil foram de intensas e profundas alterações. Muitas dessas, contudo, deram-se a partir de ressignificações de linguagens, práticas e instituições já existentes. E isso nos leva a uma outra resposta, um pouco mais longa. A abordagem responsável de tais questões exige cuidado e precisão analítica, pois mudanças e permanências estavam presentes nas diferentes escolhas dos agentes históricos naquele ambiente de profunda crise do Antigo Regime, quando o ocidente foi palco de intensas disputas de futuro, que envolviam a elaboração de novos modelos de sociedade, de homem e de poder.

Para orientar nossa conversa é ainda importante marcar alguns pressupostos. Primeiro, a independência de um país é, antes de tudo, um evento político. Será, portanto, nesta vasta dimensão que encontraremos as maiores mudanças advindas de 1822. Segundo, a compreensão de político aqui é usada em sentido alargado, em consonância com a renovação de seu respectivo campo historiográfico e abrange temas como linguagens políticas, identidades, sociabilidades, redes, representações, trajetórias individuais, prosopografias, instituições, entre tantas outras. Terceiro, vamos procurar compreender os acontecimentos a partir do ponto de vista de seus atores, em seu próprio tempo, daqueles que experimentaram as grandes novidades naquele contexto histórico.

Com essas considerações em mente, vamos discutir algumas inovações políticas e institucionais propostas pelos agentes políticos que atuaram, essencialmente, nos primeiros anos da Independência. Buscaremos mostrar também como se deu a atualização de princípios do Antigo Regime e a adequação às "luzes do século", para citar uma expressão de época.

AS NOVAS ROUPAS DO REI

Iniciaremos nossa discussão com uma grande novidade: a adoção da monarquia constitucional e representativa como forma de governo. Essa escolha política, conduzida pelo príncipe herdeiro, foi apontada por parte da historiografia como demonstração do caráter conservador do processo de independência do Brasil. A manutenção da dinastia de Bragança no trono brasileiro reforça tal ideia, levando mesmo a se questionar o valor dos acontecimentos de 1822.[1] Essa postura, no entanto, tende a desconsiderar que a monarquia constitucional era muito diferente, em princípios e prática, da existente no Antigo Regime. Vejamos.

Para começar a ilustrar a diferença, é preciso notar que o poder real passou a ser limitado por uma Constituição, que era compreendida no mundo luso-brasileiro da década de 1820 como um sistema de normas construído de modo a garantir o respeito a práticas liberais, pautadas nas concepções de direitos individuais, relações mais igualitárias e soberania da nação. A Constituição era ainda vista como norma prescritiva, ou seja, pragmática e que carregava em si projetos de futuro do novo Estado Nacional. Esta última característica se destaca no contexto das independências, compreendido como momento fundador. A Carta viria a formalizar a divisão dos poderes.

Como vimos em capítulos anteriores, a experiência constitucionalista brasileira teve início em 1821, quando as Juntas de governo provisório espalhadas pelas províncias do Reino do Brasil passaram a organizar as eleições para a escolha de seus representantes para as Cortes Gerais, Extraordinárias e Constituintes da Nação Portuguesa, que se reuniram naquele ano em Lisboa com a missão de elaborar uma constituição para os portugueses dos dois lados do Atlântico. A formação dessa assembleia foi o ápice do movimento vintista, iniciado com a Revolução do Porto, em 1820.

A eclosão do vintismo e a conseguinte liberdade de imprensa abriram amplo debate sobre os princípios liberais e constitucionais e diferentes expectativas de futuro. Foi um período de intensa ressignificação do vocabulário político e suas bases vieram a legitimar a opção pela independência do Brasil em 1822, sob a liderança do então príncipe regente.[2]

O compromisso de D. Pedro com o constitucionalismo no Brasil foi formalizado em 3 junho de 1822, quando publicou, em nome da soberania do povo, a convocação de uma assembleia constituinte luso-brasileira a ser formada por deputados das províncias do Brasil. Tal iniciativa era apresentada como complementar à ação das Cortes de Lisboa e não como separação formal em relação a Portugal. O horizonte de formação de uma assembleia constituinte brasileira aglutinou então o apoio das elites provinciais à liderança de D. Pedro e ao projeto de independência gestado no centro-sul do Reino do Brasil, que se efetivou no segundo semestre daquele ano.

A adoção da monarquia constitucional representativa foi ponto pacífico entre os defensores da independência do Brasil, que viam nessa forma de governo importante elemento na busca pela unidade nacional e manutenção da ordem, pontos caros às elites políticas de então. Deve-se ressaltar que os envolvidos no processo de independência estavam informados sobre as experiências congêneres na América e perceberam a ausência de um poder político superior e agregador como uma das explicações para a manutenção do estado de guerra e da fragmentação do antigo domínio hispânico nas Américas. Além disso, fato pouco lembrado, o Brasil não seria a primeira monarquia americana, tendo sido antecedido pelo México, que adotara a monarquia constitucional como forma de governo em 1821. No caso do Brasil, a escolha pela monarquia foi facilitada pela presença e participação direta do príncipe herdeiro, o que dirimiu o questionamento quanto à legitimidade do ocupante do trono, uma das razões do fracasso das duas experiências monarquistas mexicanas.[3]

Esse quadro não evitou, contudo, a existência de diferentes projetos de nação e consequentes disputas no momento da elaboração dos arranjos institucionais.[4] Lembremos que as disputas naquele momento extrapolavam a questão de se manter ou não unido a Portugal.[5] Havia diferentes projetos e arranjos possíveis e a consolidação do modelo vencedor de independência se deu após conflitos bélicos na Bahia, Pará, Maranhão, Piauí e na Província da Cisplatina, que acabou se tornando o Uruguai. Além disso, ocorreram disputas parlamentares acirradas sobre o papel do

Estado, as liberdades individuais, os direitos de cidadão, operacionalização da justiça, entre tantos outros temas, nas primeiras décadas do Brasil independente.[6]

Vamos destacar aqui os esforços para se definir o lugar institucional da realeza no contexto constitucional. O tema levou a relações conflituosas entre o primeiro imperador e os deputados, tanto ao longo do funcionamento da Assembleia Constituinte, em 1823, quanto nos anos que se seguiram à reabertura do Parlamento, em 1826. O que estava em disputa aqui eram, de modo simplificado, duas concepções de soberania. Uma pautada na noção de povo e outra na de nação.

Na Europa, os defensores da soberania do povo conseguiram orientar várias experiências constitucionais. Foi o que aconteceu, por exemplo, em Cádiz, em 1812, e em Lisboa. No caso do constitucionalismo vintista, povo era compreendido como o conjunto de indivíduos dotados de razão, detentores de direitos naturais e independentes, que opta por estabelecer um pacto político formalizado em uma constituição. Essa seria elaborada por representantes do povo, escolhidos por meio do voto, e a quem era temporariamente delegada a soberania. Nessa perspectiva, a assembleia era soberana e o monarca deveria se submeter às suas decisões. Como se pode ver, o conceito povo é aqui instrumentalizado em sentido teórico e a-histórico. Tal perspectiva, contudo, era acusada por seus adversários de ser irrealista e de defender experimentos inexequíveis, argumento esse reforçado pelas derrocadas das experiências constitucionais de Espanha e Portugal.

Essa percepção da soberania do povo cruzou os mares e esteve presente nos trabalhos da Assembleia Constituinte e Legislativa do Império do Brasil. Seus adeptos defendiam que a constituição brasileira daria forma ao pacto político estabelecido pelos cidadãos. Como instituição soberana e formada pelos representantes do povo, a Assembleia teria total liberdade na proposição dos termos de tal pacto e, por conseguinte, defendia a supremacia do Poder Legislativo diante do Poder Executivo, exercido pelo imperador.

Esse entendimento, contudo, já havia sido criticado quando as ações das Cortes de Lisboa em relação ao Brasil foram entendidas como autoritárias e recolonizadoras, cujas denúncias agitaram a imprensa de diferentes províncias brasileiras ao longo de 1822.[7] Tais fatos, portanto, alimentaram a concepção de que a Assembleia poderia tornar-se autoritária e mesmo despótica, sendo necessário, assim, tomar medidas para limitar seu poder.

Essa situação fortaleceu a defesa da concepção de que a soberania da nação era compartilhada entre o monarca e o povo. As duas partes eram percebidas como essenciais e distintas. Por essa vertente, era necessário compatibilizar a noção de soberania do povo com a da autoridade régia. Em sintonia com a tradição jurídico-administrativa pombalina, com a tradição britânica e com o movimento restaurador francês, os defensores de tal posição alegavam que o conceito de povo deveria ser compreendido a partir da experiência histórica e não de teorias abstratas. A adoção da monarquia constitucional deveria ser entendida, assim, como a atualização do antigo pacto entre o rei e o povo, agora formalizado em uma constituição.

Essa segunda perspectiva supostamente colocava o Poder Legislativo e o Poder Executivo em pé de igualdade; contudo, a manutenção da dinastia de Bragança como casa reinante, a condição de D. Pedro como seu príncipe herdeiro e o título de Defensor Perpétuo do Brasil foram usados para se defender a primazia do trono. Entendeu-se que a legitimidade de D. Pedro I e a origem de seu poder seriam de dupla natureza. Por um lado, decorria de seu direito hereditário ao trono, sustentado pela religião e reforçado na cerimônia de coroação e de sagração, ocorridas em dezembro de 1822. Por outro, sua autoridade havia sido já confirmada na cerimônia de aclamação pelo povo, que se deu em outubro do mesmo ano no Rio de Janeiro e veio a ser repetida em diversas províncias nos meses seguintes.[8] O pacto político teria sido estabelecido no momento da aclamação de D. Pedro I, quando a monarquia, o constitucionalismo e a lealdade à dinastia de Bragança foram definidos como princípios fundamentais do novo Império e que, por conseguinte, limitavam os poderes dos Constituintes.

O acirramento dos embates dentro da Assembleia e entre o monarca e parte dos deputados levou ao fechamento da Constituinte, em novembro de 1823, por parte de D. Pedro. O imperador justificou suas ações como defesa àqueles princípios fundamentais que, segundo ele, estavam sendo atacados por certa facção que teria controlado os trabalhos legislativos. O Decreto Imperial de 12 de novembro de 1823 dissolveu a Assembleia e convocou eleições para uma nova, que deveria analisar o projeto de Constituição a ser proposto pelo Conselho de Estado. A nova constituinte, contudo, não chegou a ser formada.

> **O 7 de setembro**
>
> A definição do 7 de setembro como Dia da Independência foi objeto de disputa política nos primeiros anos do Brasil independente. O 12 de outubro, data da aclamação de D. Pedro I como Imperador do Brasil, foi decretado como Dia da Independência ainda em 1822. Na abertura da Assembleia Constituinte de 1823 na fala do trono de D. Pedro I, o 7 de setembro foi apresentado pelo jovem imperador como o dia em que, pela primeira vez, ele declarou a independência do Brasil, às margens do riacho do Ipiranga. Naquela primeira década, o Brasil comemorou sua independência nas duas datas.

Quando o projeto de constituição ficou pronto, o governo decidiu encaminhá-lo às Câmaras Municipais, para análise e acolhimento de sugestões, ainda em dezembro de 1823, enquanto as eleições para a nova constituinte seriam organizadas. Em março de

1824, entretanto, foi publicado o decreto imperial que determinou a celebração de juramento da Carta Constitucional e alegou não haver mais necessidade de reunir nova assembleia, uma vez que a aprovação e o juramento do texto eram a vontade da maioria do povo brasileiro, expressa pelas diversas representações encaminhadas ao Imperador pelas Câmaras Municipais e, em particular, pelo Senado da Câmara do Rio de Janeiro.

Encontramos aí um grande exemplo da simbiose de concepções modernas e do Antigo Regime na criação dos arranjos institucionais naquele modelo. A Constituição, compreendida em sua acepção moderna, fora legitimada pelas Câmaras Municipais, em uma ritualística típica da noção de representação do Antigo Regime. Essa solução, todavia, desagradou profundamente parte da elite do atual Nordeste e foi a principal causa da Confederação do Equador, ainda naquele ano.

A Carta de 1824 foi a primeira Constituição do Brasil e a principal novidade política institucional da Independência. Lembremos que, a despeito da participação de deputados das províncias do Brasil nas Cortes Gerais da Nação Portuguesa, o Brasil deixou de fazer parte da nação portuguesa pouco antes da promulgação da Constituição, que ocorreu em finais de setembro de 1822.

O texto da Carta de 1824 foi amplamente pautado no que estava sendo discutido em 1823, mas apresentou importantes alterações que buscaram reforçar a autoridade régia. A Carta estabeleceu um sistema representativo com censo baixo, divisão de poderes, bicameralismo, amplos direitos fundamentais e responsabilidade ministerial.[9] Ela conciliou garantias de direitos individuais e a divisão de poderes com uma monarquia fortalecida, aspecto compreendido como importante para se evitar a anarquia.

O fechamento da Assembleia Constituinte em novembro de 1823 e a outorga da Constituição de 1824 teriam, supostamente, resolvido as disputas entre o imperador e os deputados, com o reconhecimento da primazia régia. A inclusão do Poder Moderador e seu direito de dissolução da Câmara dos Deputados, e conseguinte convocação de eleições, seriam evidências de tal vitória.

Contudo, ao analisarmos as relações entre o Poder Executivo e o Poder Legislativo durante o restante do Primeiro Reinado, percebemos que a Câmara dos Deputados, usando de sua prerrogativa de defensora da Constituição, buscou limitar o poder régio pelos arranjos institucionais estabelecidos por legislação infraconstitucional. Governar sob o sistema constitucional representativo apresentou-se como grande desafio para D. Pedro I e resultou em sua abdicação em abril de 1831.

Até aqui, buscou-se discutir aspectos fundamentais da organização de uma monarquia constitucional representativa para mostrar que, se o Brasil continuava a ter um rei, as regras do jogo político e a arte de governar haviam mudado profundamente.

DIREITOS DE CIDADÃO EM UMA SOCIEDADE ESCRAVISTA

Outra grande novidade do período analisado foram os direitos de cidadão, que, ao final do século XIX, deu origem ao neologismo cidadania. A grande novidade estava na concepção de direitos individuais, na verdade. No Antigo Regime, os direitos eram atribuídos a coletividades ou instituições, ao passo que no mundo liberal sobressai a concepção de que os indivíduos possuem direitos – direito de ter direitos.

Além da monarquia, a escravidão foi outra instituição que se manteve na passagem do período colonial para o período imperial de nossa história. Essa instituição foi definidora na construção de nossa sociedade e seus alicerces continuam a influenciar nossa compreensão de cidadania.

Se analisarmos a questão do ponto de vista puramente econômico, encontramos aqui poucas novidades, sendo estas principalmente ligadas ao contexto internacional marcado pela pressão inglesa pelo fim do tráfico e por debates sobre a superioridade do trabalho livre sobre o escravo. Contudo, articular a manutenção da escravidão e a construção de uma sociedade formada por cidadãos detentores de direitos foi um exercício tenso e envolveu a proposição de arranjos institucionais e conceituais bastante específicos.[10]

A complexidade do tema tornou-se evidente ainda nos debates da Assembleia Constituinte e foi pautado de modo direto na sessão do dia 23 de setembro, quando se votou o artigo que definia quem seriam os participantes da comunidade política que se fundava, ou seja, quem seria cidadão no Brasil.

Um dos tópicos discutidos disse respeito à abrangência do título de cidadão. Ele deveria ser atribuído à toda a população livre do país, ou seja, aos nacionais, ou apenas aos brasileiros que gozavam de direitos políticos? Os defensores do uso restrito do título partiam da concepção de que a participação na vida política deveria ser exclusiva dos nacionais qualificados e que o uso indiscriminado do título poderia trazer perigosas expectativas igualitárias em uma sociedade escravista.

Os deputados que defenderam a adoção ampla do título de cidadão, e que veio a ser vitoriosa na Carta de 1824, por sua vez, compreenderam que ele deveria ser atribuído a todos as pessoas livres (ingênuas ou libertas) nascidas no Brasil, como ficou definido no título 2º daquela Constituição. Contudo, apenas os cidadãos qualificados estariam em condições de exercer o seu poder político por meio do sistema eleitoral. Assim, os cidadãos seriam divididos em duas categorias: cidadão ativo, que exerceria seus direitos políticos, e cidadão passivo, que usufruiria apenas de seus direitos civis.

A diferença entre as duas propostas era, na verdade, bem mais significativa do que nos faz crer uma olhada rápida. Enquanto a distinção da sociedade entre nacionais e cidadãos pressupunha certa clivagem rígida, a distinção entre cidadão ativo e cidadão passivo era compreendida como potencialmente transitória, uma vez que a sociedade política e a sociedade civil eram de mesma natureza, e estava de acordo com as expectativas de mobilidade social decorrentes do fim da sociedade estamental, além de localizar a igualdade entre os cidadãos nas expectativas do futuro do país.[11] Para compreendermos melhor, observemos trecho do discurso do deputado Nicolau Pereira de Campos Vergueiro sobre o assunto:

> Pouco importa que nem todos gozem dos mesmos direitos, e que alguns não exercitem os direitos políticos por não terem os requisitos que a lei exige: todos eles são hábeis para o exercício de todos os direitos uma vez que consigam as qualificações da lei. Servindo-me de um exemplo do presente projeto, vê-se que o que não possui certo rendimento não pode votar para os deputados, mas se ele trabalhar e conseguir esse rendimento, passa logo a exercitar esse direito, e poderá dizer-se que não era cidadão antes de ter esse rendimento e que se fez cidadão logo que o adquiriu? Não me parece política nem justa esta diferença [entre nacionais e cidadãos].[12]

Todo cidadão detinha, assim, poder político, mas este estava excepcionalmente suspenso para aqueles que não alcançavam os requisitos necessários para seu exercício.[13] Essa perspectiva, por exemplo, inibiu a legalização da discriminação da população por razões raciais, a despeito do preconceito de cor já marcar as relações sociais e institucionais no Brasil daquele momento.

Mas que requisitos seriam esses? Basicamente, o cidadão ativo deveria ter domínio sobre si mesmo. Estamos diante do corolário defendido desde o século XVIII de que, para participar do governo da *res publica*, ou seja, da coisa pública, do mundo da política, era necessário exercer o autogoverno, o que significava não estar sob o domínio de outrem. O exercício dos direitos políticos era assim definido a partir das noções de capacidade e merecimento, que, por sua vez, poderiam ser socialmente reconhecidos pela posse de bens ou por educação. A inclusão dos homens libertos no rol dos possíveis cidadãos ativos considerava a manumissão como prova de suas qualidades.

O estabelecimento das eleições indiretas e do voto censitário, portanto, tiveram a função de institucionalizar a comprovação das capacidades e da autonomia individual, em um movimento que articulava, segundo Elías Palti, "o princípio democrático no plano da autorização com o princípio aristocrático no plano da deliberação".[14]

A adoção dessa perspectiva pelas elites políticas do Brasil imperial ficou explícita na definição das regras para participação das eleições. O título 6º da Carta de 1824, além de estabelecer as eleições indiretas e o voto censitário, excluiu dos pleitos todos aqueles que, por questões sociais, familiares e profissionais, deviam obediência a alguém. Essa situação poderia ser transitória, como no caso dos homens escravizados nascidos no Brasil, mas ela era vista como intransponível no caso de limitações naturais, como seria o caso das mulheres, menores e pessoas incapacitadas por doenças físicas e psicológicas.

Percebemos, assim, que a diferença de qualidades determinava a diferença de direitos e impunha limites à participação política. A principal clivagem da sociedade fora estabelecida entre pessoas livres e pessoas escravizadas e se manteve até as vésperas da proclamação da República. A criação do sistema representativo levou à promoção de novas classificações, pautadas no grau de participação do sistema eleitoral. A divisão entre cidadãos passivos e cidadãos ativos foi seguida pela distinção, dentro desse último grupo, entre votantes, eleitores e, dentre estes, os candidatáveis.

Se os nacionais brasileiros foram divididos entre cidadãos ativos e cidadãos passivos, os primeiros foram, por sua vez, qualificados em dois grupos: votantes e eleitores, de acordo com seu papel no sistema eleitoral e, por conseguinte, de sua capacidade. O primeiro grupo participava apenas nas eleições paroquiais, precisava possuir renda de 100 mil réis anuais e era responsável pela escolha dos eleitores, ou seja, pela definição do colégio eleitoral. O segundo grupo precisava responder a todos os critérios exigidos aos votantes e ter renda de 200 mil réis anuais. Dentre os votantes, eram excluídos os libertos e os criminosos. Os elegíveis estavam entre os eleitores e lhes era imposta necessidade de possuir a renda de 400 mil réis anuais e serem nacionais e católicos.

Devemos enfatizar que o homem escravizado que alcançasse a liberdade e tivesse a renda necessária tornava-se votante, o que era vetado às mulheres, cuja exclusão do processo eleitoral era vista de modo tão natural que nem se encontrava explicitada na Constituição ou demais peças normativas que regulamentavam as eleições.

E qual o lugar das pessoas escravizadas nesses arranjos institucionais estabelecidos na sequência da Independência? O projeto de 1823 fazia referência à escravidão em três ocasiões, sendo que a palavra "escravo" aparecia em duas delas: no 6º parágrafo do artigo 5º, que definia quem seriam os brasileiros, entre eles os "escravos que obtiverem carta de alforria", e no artigo 265, que reconhecia os "contratos entre senhores e escravos" e colocava o governo como seu garantidor. O artigo 254, por sua vez, determinava a criação de instituições responsáveis por promover a "civilização e catequese" dos indígenas e promover a "emancipação lenta dos negros". Tais referências desapareceram na Carta de 1824, que não menciona a palavra escravo uma vez sequer e cuja única referência à escravidão é a presença do adjetivo substantivado *libertos*, ou seja, as pessoas que já alcançaram a liberdade, no 1º parágrafo do artigo 6º e no parágrafo II do artigo 94, que tratam, respectivamente de quem são os brasileiros e quem são os votantes. Portanto, a escravidão apareceu como experiência superada.

Podemos compreender esse silêncio como estratégia política. Naquele momento, encontramos nos Diários da Assembleia Constituinte de 1823 e nos Anais da Câmara dos Deputados parlamentares repreendendo colegas por trazerem à tona assuntos ou ideias vistas como capazes de provocar a convulsão popular e, de forma mais veemente, a rebelião escrava. O deputado Muniz Tavares, por exemplo, no momento de se discutir o parágrafo 5º do artigo 6º, ou seja, que concedia a cidadania (passiva) a todos os escravos que alcançassem a alforria, afirmou ser pertinente passar o artigo como estava, sem discussão, para evitar que "alguns deputados arrastados de excessivo zelo a favor da humanidade expusessem ideias (que antes convirá abafar), com o intuito de excitar a compaixão da assembleia sobre essa pobre raça de homens, que tão infelizes são só porque a natureza os criou tostados".[15] O silêncio sobre a escravidão, por essa mesma razão, já havia sido reivindicado uma década antes nas Cortes de Cádiz, responsável pela elaboração da Constituição espanhola de 1812, e nas Cortes de Lisboa.

A escravidão, além disso, era comumente tratada na plenária como uma instituição nefasta, incompatível com o nível de civilização almejado pelas elites políticas, mas cuja extinção deveria se dar de modo lento e gradual por questões econômicas e para evitar, mais uma vez, a temida convulsão popular. Para os parlamentares, no Brasil do futuro, a escravidão, assim como registrada na Carta de 1824, seria uma realidade superada. Importante ressaltar, contudo, que apenas após décadas a legitimidade da escravidão veio a ser efetivamente questionada.

Se o silêncio, por um lado, pode ser explicado como estratégia política e ligada à mencionada percepção da Constituição como projeto de sociedade, por outro, ele está relacionado ao fato de a escravidão, em termos legais, ser tratada no âmbito do mundo privado e, portanto, regido pelo direito civil.

A frieza da Carta de 1824 não reflete, contudo, as tensas discussões ocorridas no Parlamento em seus primeiros anos do Brasil independente sobre o lugar a ser ocupado pela população negra e indígena na nação e no povo brasileiros. Diversas fontes da época deixam muito evidente a consciência das elites políticas de que nação brasileira era um projeto a ser construído. Mais uma vez, as páginas dos Diários da Assembleia Constituinte de 1823 são fontes primorosas sobre o assunto. Entre os críticos de tal inclusão encontramos argumentos que apelavam para a selvageria do africano, sua incapacidade de alcançar a civilidade, violência ou apatia. Outros defenderam, por sua vez, os benefícios do uso da população africana na povoação do Brasil e na adaptação das pessoas brancas ao clima tropical pela miscigenação, cujo resultado seria uma população de pele clara, com hábitos ocidentais e adaptada aos trópicos.

É importante enfatizar que este último posicionamento não deve ser confundido com uma perspectiva inclusiva e, em boa parte dos discursos, a concessão de direitos àquela vasta parcela da população era defendida também como forma de apaziguar os ânimos e garantir a própria ordem escravista. Esclarecendo, as diferenças eram entendidas como problemas a serem superados. José Bonifácio, em conhecida representação[16] encaminhada à Assembleia Constituinte e publicada em Paris em 1825, destacou que o grande desafio para o Brasil era a criação de um povo a partir de grupos humanos tão diversos. Seu objetivo, portanto, era encontrar meios para que as diferenças, entendidas como etapas, fossem superadas. José da Silva Lisboa, por sua vez, ao defender, com sucesso, o reconhecimento como brasileiros dos africanos libertos, ou seja, estrangeiros, destacou em plenário a íntima relação deste tópico com a oferta de educação, a organização das tropas e, por fim, a criação de um sistema prisional. Era preciso civilizar, dar utilidade, controlar e punir.

Devemos ressaltar dois pontos aqui. Para pensarmos a questão racial naquelas primeiras décadas do século XIX no Brasil, o conceito de racialismo é mais pertinente do que racismo, que irá se consolidar no último quartel daquele século. Enquanto a primeira categoria pressupõe a existência de características intrínsecas e duradouras, mas com importante espaço para o que chamamos de cultura, o racismo estará fortemente atrelado a concepções biológicas e considera a cor como sinal de diferenças e, mais importante, desigualdades intrínsecas e intransponíveis, dado que seriam inatas. Além disso, as diferenças fenotípicas expressariam diferenças morais e capacidades. As propostas de José Bonifácio e de Silva Lisboa partem de referências iluministas e pressupõe a origem comum, e divina, da humanidade. Essa origem comum permitiria o tão desejado amálgama citado por Bonifácio. O segundo ponto diz respeito à situação das pessoas escravizadas africanas, como dito anteriormente, defendidas por Silva Lisboa.

A definição de quem era brasileiro trazia a definição de quem não o era. Homens e mulheres africanas escravizados ocupavam ali o lugar de *o outro*, por definição: não eram livres, nem nacionais, nem cristãos, nem considerados civilizados e possuíam fenótipo bastante diferente do padrão europeu. A inclusão dos membros desse grupo de estrangeiros libertos na categoria de cidadão passivo, com direitos civis, e os homens com a possibilidade de participarem das eleições paroquiais, foi um passo muito ousado dos constituintes, mas que fora excluído da Carta de 1824. Nesse texto, apenas os nascidos no Brasil, ou seja, nacionais, viriam a ser considerados cidadãos, mesmo após alcançarem a liberdade.

Mantendo a temática do outro nos debates da constituinte, devemos ainda falar dos indígenas, que cumpriam a exigência de serem nacionais, ou, para ser mais precisa, de terem nascido em território brasileiro, e livres. A primeira grande distinção se dava entre os indígenas incorporados na sociedade e os considerados selvagens. A forte ideia de pacto entre os membros da sociedade, o conhecimento sobre a situação, presente na definição moderna de nação fazia com que os indígenas "selvagens" não fossem compreendidos como membros da sociedade política que se formava, portanto, não faziam parte da nação brasileira. Outra fonte de tensão para a incorporação da população indígena na categoria de cidadãos estava nos desdobramentos de os reconhecer como proprietários originais dos territórios por eles ocupados, o que acarretaria graves limitações para as pretensões expansionistas governamentais e das elites econômicas. A incorporação cultural e econômica dos indígenas era vista, por sua vez, como meio de torná-los úteis ao Brasil e atuarem na colonização do vasto território. As inquietações manifestadas não se desdobraram, contudo, em ações efetivas e as leis coloniais relativas aos indígenas foram mantidas durante o Primeiro Reinado.

E COMO FICAMOS COM PORTUGAL?

Encontramos aqui outra grande novidade trazida com a oficialização da independência: a necessidade de separar a identidade brasileira da portuguesa.

Até 1822, ser brasileiro era ser português. Encontramos essa afirmativa em diferentes documentos da época, como a nota publicada no importante jornal *Revérbero Constitucional Fluminense*, em julho de 1822:

> Quando digo *Brasileiros* entendo geralmente os habitantes do Brasil [...] reservando [...] *Brasiliense* para quando me for preciso falar dos filhos do Brasil; não faço diferença entre Europeu e Brasiliense, a todos amo, quando sei que se empenham pela nossa justa Causa.[17]

Se no momento da publicação da nota a causa em questão dizia respeito à luta pela independência, mas com a manutenção da união com Portugal, nos meses seguintes, de modo muito rápido, independência passou a ser sinônimo de separação e de quebra dos vínculos coloniais. O Brasil passava então a reivindicar seu lugar como Estado nacional, com governo, território e povo próprios. A adesão à causa do Brasil por parte dos nascidos em Portugal viria a ser critério básico para sua naturalização.

Nos meses que se seguiram à proclamação da Independência, contudo, decidir como se provar a adesão não foi tarefa fácil. A desconfiança em relação aos alegados projetos de recolonização por parte dos portugueses amplamente divulgados pela nascente imprensa foi agravada pela guerra de independência, cujo teatro, como vimos no capítulo dedicado ao tema, se espalhava por diferentes lugares do Brasil, com destaque para os embates com as tropas portuguesas comandadas por Madeira de Melo, na região do recôncavo baiano.

As tensões com Portugal ainda se elevariam nos fins de 1822, quando D. Pedro I decretou o sequestro de bens dos súditos de Portugal. Na lista de bens a serem aprendidos, encontravam-se as mercadorias presentes nas alfândegas, estabelecimentos comerciais, prédios e embarcações. Foram resguardados, contudo, as ações do Banco Nacional, das seguradoras e da Fábrica de Ferro de Sorocaba. O próprio decreto justificou tais ações em decorrência das hostilidades do governo de Portugal perante o Brasil e para privar os "habitantes daquele Reino" dos meios para manter o que chamou no documento de "guerra fratricida".[18] O estabelecimento de indenizações sobre os bens apreendidos veio a ser resolvido pela Constituição da Comissão Mista, prevista no Tratado de Reconhecimento da Independência do Brasil por Portugal, assinado em 1825.

A definição dos termos desse tratado foi alcançada após algumas tentativas frustradas e a existência de duas perspectivas por parte dos ministros de D. João VI, uma que percebia a independência como fato consumado, cabendo apenas a definição dos termos, e uma segunda que insistia na possibilidade de reversão. Esse segundo grupo acreditou, por exemplo, que o final da experiência liberal do vintismo e consequente fechamento das Cortes em decorrência do sucesso do golpe de Estado liderado pelo príncipe D. Miguel tornara factível a reunificação do Império, fosse pela via da negociação, fosse pelo acirramento do conflito bélico, com apoio de potências europeias, notadamente da Rússia, para o acirramento dos embates militares. Essa opção foi recusada pela Inglaterra que se declarava neutra na disputa.

As negociações viriam a se desenrolar apenas em 1825, com a entrada da Grã-Bretanha como negociadora. A decisão do secretário para Assuntos Estrangeiros, George Canning, de negociar os termos do tratado de reconhecimento, amizade e comércio entre Brasil e Portugal, adequou-se ao lugar ocupado pela Inglaterra, desde dezembro de 1824, como negociadora das relações entre os jovens Estados nacionais americanos e a Espanha. Desse modo, os britânicos se colocaram como defensores dos processos de independência do que hoje chamamos de América Latina e definiu seu campo de influência em toda a região.

O representante britânico, Charles Stuart, foi então encaminhado ao Brasil com a dupla missão de negociar os termos dos tratados de reconhecimento da independência do Brasil por Portugal e pela Inglaterra. Os críticos do tratado estabelecido entre Brasil e Portugal acusaram Stuart de privilegiar os interesses britânicos e de construir um tratado que desagradou a ambos os envolvidos. O tratado não resolveu três pontos vistos como fundamentais para os portugueses: que títulos seriam atribuídos a D. João e D. Pedro I, o estabelecimento de benefícios comerciais para Portugal e a sucessão dinástica. Já para os brasileiros, ele resultou na negação da soberania popular e no endividamento do novo país.

Gostaria de explorar, brevemente, a questão dos títulos atribuídos aos soberanos dos dois países. Os portugueses faziam questão de que D. João fosse declarado Imperador do Brasil, com abdicação imediata de seu filho e herdeiro, D. Pedro. Essa manobra era considerada essencial para legitimar o lugar ocupado por este último e negar a origem popular do título recebido por D. Pedro ainda em 1822. Negava-se, assim, a legitimidade da perigosa soberania popular. Para compreendermos a importância atribuída a tal questão pela Corte portuguesa é importante lembrarmos a já mencionada Vilafrancada e o restabelecimento da monarquia absoluta em terras lusas. Por outro lado, tornava-se inaceitável para o Brasil que o título de D. Pedro fosse apresentado como uma concessão de D. João VI, uma vez que a condição de governante aclamado pelos povos era uma das principais balizas da legitimidade nacional do jovem imperador. Portanto, para muito além das palavras, a decisão sobre os títulos trazia uma vasta disputa de concepção da origem e legitimação do poder. A solução encontrada desagradaria ambas as Cortes, uma vez que no preâmbulo a Constituição do Império brasileiro foi apresentada como iniciativa de D. João VI, em maio de 1825, e, por outro lado, a autoridade do velho rei era diminuída pela ideia de que todo esse arranjo fora feito com a aceitação prévia do imperador do Brasil, portanto não teria se consumado por um ato de vontade do rei português. A despeito das críticas, o Tratado de Paz e Amizade foi assinado em finais de agosto de 1825.

ENTÃO...

Esperamos que chegados aqui, os leitores tenham percebido que os processos de independência americanos acontecidos nesse contexto foram marcados por forte experimentalismo e atualizações, muitas delas a partir da troca de informações que circulavam pelo Atlântico sobre diferentes experiências revolucionárias.[19] No caso luso-brasileiro, por exemplo, houve forte influência do movimento reformista ilustrado do século XVIII, que buscou implementar nos domínios portugueses nova forma de administração imposta por uma lógica jurídica moderna. A criação de novas instituições, as práticas, as representações e os discursos de então foram diretamente informados pela experiência e orientados por projetos de futuro, em um momento fortemente marcado pelo experimentalismo.

Pensar, portanto, a Independência de modo rápido em termos de novidades e permanências é temerário e pode nos levar a respostas simplistas, muitas vezes mais orientadas pela vontade de legitimar o presente e julgar o passado do que de compreender o complexo processo pelo qual passou o Brasil.

Notas

[1] SCHIAVINATTO, Iara Lis. "Entre histórias e historiografias: algumas tramas do governo joanino." In: GRINBERG, Keila; SALLES, Ricardo (org.). *O Brasil Imperial*: 1808-1831. Rio de Janeiro: Civilização Brasileira, 2009, v. 1, pp. 55-93.

[2] NEVES, Lúcia Maria Bastos Pereira das. *Corcundas e constitucionais*. Rio de Janeiro: Revan/FAPERJ, 2003.

[3] FRASQUET, Ivana. "La 'outra' Independencia de México: el primer imperio mexicano. Claves para la reflexión histórica". *Revista Complutense de Historia de América*, v. 33, pp. 35-54, 2007.

[4] PEREIRA, Aline Pinto. *A monarquia constitucional representativa e o locus da soberania no Primeiro Reinado*. Niterói, 2012, p. 112. Tese (Doutorado em História) – Universidade Federal Fluminense.

[5] MACHADO, André Roberto de A. Para além das fronteiras do Grão-Pará: o peso das relações entre as províncias no xadrez da independência (1822-1825). *Outros Tempos*, v. 12, n. 20, pp. 1-28, 2015. Disponível em: <https://www.outrostempos.uema.br/index.php/outros_tempos_uema/article/view/449>. Acesso em: 21 abr. 2022.

[6] NEVES, Lúcia Maria Bastos Pereira das. "Independência: contextos e conceitos". *História Unisinos*, v. 14, n. 1, pp. 5-15, 2010.

7 KIRSCHNER, Tereza Cristina. Um pouco de historiografia: a representação do passado colonial brasileiro a partir da independência. In: *Anais do XXVI Simpósio Nacional de História*, São Paulo, 2011. Disponível em: <https://anpuh.org.br/uploads/anais-simposios/pdf/2019-01/1548856702_b962451993b50ac53361bbc50e195ef9.pdf>. Acesso em: 21 abr. 2022.

8 OLIVEIRA, Eduardo Romero. O império da lei: ensaio sobre o cerimonial de sagração de D. Pedro I (1822). *Tempo*, v. 13, n. 26, 2009. Disponível em: <https://doi.org/10.1590/S1413-77042009000100008>. Acesso em: 21 abr. 2022.

9 LYNCH, Christian. O discurso político monarquiano e a recepção do conceito de Poder Moderador no Brasil (1822-1824). *Dados – Revista de Ciências Sociais*, Rio de Janeiro, v. 48, n. 3, pp. 611-654, 2005.

10 Observemos que tal situação não foi exclusiva do Brasil, nem tampouco deve ser usada para desqualificar a experiência da adoção dos princípios liberais e constitucionais pelos agentes políticos daquele início do século XIX. Lembremos que os Estados Unidos mantiveram o sistema escravocrata até 1865. Grande parte das lideranças do movimento de independência daquele país, os chamados *"founding fathers"*, era proprietária de escravos. Sobre o tema, entre outros, ver MORGAN, Edmund S. Escravidão e liberdade: o paradoxo americano. *Estudos Avançados*, v. 14, n.38, 2000.

11 SILVA, Cristina Nogueira. Conceitos oitocentistas de cidadania: liberalismo e igualdade. *Análise Social*, v. XLIV, n. 192, pp. 533-563, 2009.

12 VERGUEIRO, Nicolau Pereira de Campos. Discurso proferido em sessão do dia 23 de setembro de 1823. In: BRASIL. *Annaes do Parlamento Brazileiro* – Assemblea Constituinte 1823, t. V, Typografia do Imperial Instituto Artístico: Rio de Janeiro,1874, p. 169.

13 Sobre este tema, ver, entre outros, SLEMIAN, Andréa. Seriam todos cidadãos? Os impasses na construção da cidadania nos primórdios do constitucionalismo no Brasil (1823-1824). In: JANCSÓ, István. *Independência*: história e historiografia. São Paulo: Hucitec, 2005, pp. 829-880.

14 PALTI, Elías. *O tempo da política*: o século XIX reconsiderado. Belo Horizonte: Autêntica, 2020, p. 174.

15 BRASIL. *Annaes do Parlamento Brazileiro*. Assembléa Constituinte, 1823, t. 5. Typografia do Imperial Instituto Artístico: Rio de Janeiro, 1874, p. 203.

16 SILVA, José Bonifácio de Andrada E. *Representação à Assemblea Geral Constituinte e Legislativa do Imperio do Brasil Sobre a Escravatura*. Paris: Typographia de Firmin Didot, 1825. Disponível em: <http://www2.senado.leg.br/bdsf/handle/id/518681>. Acesso em: 21 abr. 2022.

17 Revérbero Constitucional Fluminense. Typografia Nacional, Rio de Janeiro, 1822, t. 2, p. 117. Disponível em: <http://memoria.bn.br/DocReader/docreader.aspx?bib=700223&pasta=ano%20182&pesq=&pagfis=370>. Acesso em: 05 jan. 2022.

18 Decreto de 11 de dezembro de 1822. *Collecçao das Leis do Império do Brasil*, parte II. Imprensa Nacional: Rio de Janeiro, 1887, pp. 96-97.

19 ANTONIO, Annino. Imperio, constitución y diversidad en la América Hispana. *Nuevo Mundo Mundos Nuevos*, Debates, 2008. Disponível em: <http://nuevomundo.revues.org/index33052.html>. Acesso em: 21 abr. 2022.

Bibliografia

BERBEL, Márcia; OLIVEIRA, Cecília Helena de Salle (org.). *A experiência constitucional de Cádis*: Espanha, Portugal e Brasil. São Paulo: Alameda, 2012.

GRINBERG, Keila; SALLES, Ricardo (org.). *O Brasil Imperial*: 1808-1831. Rio de Janeiro: Civilização Brasileira, 2009, v. 1.

JANCSÓ, István. *Independência*: história e historiografia. São Paulo: Hucitec/Fapesp, 2005.

SLEMIAN, Andréa. *Vida política em tempo de crise*: Rio de Janeiro (1808-1824). São Paulo: Hucitec, 2006.

O Sesquicentenário em 1972

JANAINA MARTINS CORDEIRO

O ano era 1972. Na edição de número 168 do jornal humorístico *O Pasquim*, o jornalista Ziraldo contava uma anedota segundo a qual seu filho de 5 anos de idade estaria "inteiramente apaixonado por D. Pedro I". De acordo com ele, o garoto passava "o dia inteiro de espada em punho gritando 'Independência ou Morte'". E encerrava: "Seu *élan* cívico atingiu o ápice quando, outro dia, ele chupou, maravilhado, um picolé verde e amarelo da Kibon".

Não sabemos realmente se a piada criada por Ziraldo era verídica e se seu filho estava, de fato, "apaixonado por D. Pedro I". De todo modo, a história contada pelo humorista foi capaz de captar, com a ironia típica daquele periódico, determinado clima da época. O entusiasmo pelas cores da bandeira e pelo primeiro imperador do Brasil constituiu comportamento bastante disseminado entre as crianças em 1972, que além de chuparem picolés verde-amarelos, podiam vestir chapéus nas mesmas cores ou outros, que lembravam aquele usado pelo imperador no século XIX. Além disso, os álbuns de figurinhas para colecionar que fizeram sucesso extraordinário no país durante a Copa do Mundo de Futebol do México, em 1970, voltaram a ter grande popularidade entre as crianças dois anos depois, já então contando a história da Independência do Brasil. Também entre os adultos, os símbolos nacionais, em especial a bandeira, tiveram particular apelo naquele ano.

Mas, o que explicava o excitamento pelos símbolos e heróis nacionais naquele contexto específico, sobretudo quando o país vivia sob os anos de chumbo da ditadura militar?

É que a história contada por Ziraldo fazia referência às comemorações do aniversário de 150 anos da Independência do Brasil, celebrado com pompa pela ditadura, então no poder havia oito anos. Eram os festejos do Sesquicentenário, palavra cumprida e estranha, mas que, naquele ano, ganhou as ruas do país de norte a sul. A festa, conforme planejada pelo regime, durou cerca de cinco meses. Assim, entre 21 de abril e 7 de setembro, o país conviveu com uma profusão de eventos cívicos de caráter nacional e local, que tinham como objetivo maior celebrar a pátria: as glórias do passado e também as conquistas do presente, ao mesmo tempo que projetavam um futuro de grandeza.

É bem verdade que a popularidade dos símbolos nacionais naquele momento não podia ser atribuída exclusivamente às comemorações do Sesquicentenário. Ao contrário, o que as festas cívicas de 1972 fizeram foi, justamente, prolongar um estado geral de espírito, patriótico e ufanista, que já dava sinais do seu apelo e força pelo menos desde 1970. Naquele ano, a extraordinária campanha da seleção canarinho de futebol serviu, de certa maneira, para canalizar o entusiasmo pela conquista do tricampeonato mundial em um sentimento de orgulho nacional mais amplo. Nesse sentido, a ditadura soube se associar às vitórias da seleção e conduzir a seu favor tais sentimentos, de modo que determinada forma de nacionalismo "verde-amarelo" se tornou uma das marcas daqueles anos.

Expressivos segmentos da sociedade tomaram parte nesse processo e se animaram com a onda nacionalista que varria o país. Por exemplo, em matéria especial publicada pela *Veja* em 8 de setembro de 1971, a revista postulava que, naquele momento, o Brasil vivia sob um nacionalismo de novo tipo. Para os autores da reportagem, começava-se a vislumbrar "importantes sinais do surgimento de uma orgulhosa consciência nacional". Falava-se em um nacionalismo "para crescer", definido como antítese do sentimento nacional que prevalecia antes de 1964. Este, por sua vez, estaria marcado pelos equívocos cometidos durante o governo de João Goulart (1962-1964), "quando foi confundido com atitudes demagógicas". Ainda de acordo com a revista, o nacionalismo dos anos 1970 voltava a sua capacidade de mobilização "para o conjunto de medidas que visam ao desenvolvimento econômico e à organização nacional".

Assim, o elemento novo nesse nacionalismo dos anos 1970 estaria ligado a uma determinada ideia de construção do futuro. Era o nacionalismo do período do *milagre brasileiro*, do Brasil campeão do mundo de futebol, integrado e moderno. É, portanto, a partir desse contexto que as comemorações do Sesquicentenário devem ser compreendidas: como evento capaz, ao mesmo tempo, de prolongar e de potencializar o entusiasmo cívico-patriótico daqueles anos. E era também a partir desses novos pressupostos que a sociedade deveria ser educada e chamada a participar.

Sob esse aspecto, devemos entender que a primeira metade da década de 1970 constituiu uma espécie de apogeu da ditadura militar. Quando começaram as festas, em abril de 1972, o general Emílio

Garrastazu Médici completava pouco mais de dois anos no poder e seu governo tornou-se responsável tanto pelo aprofundamento do modelo econômico adotado a partir de 1967 pelo governo Costa e Silva, como por colocar em funcionamento, de maneira efetiva, um poderoso sistema de repressão e informação, que já vinha sendo gestado anteriormente e que atuava, então, em sua plena eficiência na caça aos inimigos do regime. Trata-se, portanto, de um contexto extremamente complexo, quando a ditadura foi, ao mesmo tempo, mais violenta e mais popular.

> **Emílio Garrastazu Médici (1905-1985)**
>
> Foi o terceiro general a assumir a presidência do Brasil após o golpe civil-militar que derrubou João Goulart em 1964. Médici assumiu o cargo máximo da nação em um contexto de profunda crise para a ditadura. Tendo exercido a chefia do Serviço Nacional de Informações (SNI) a partir de 1967 e ao longo de todo o agitado ano de 1968, estava no Rio Grande do Sul, chefiando o Terceiro Exército quando seu amigo pessoal, o general Arthur da Costa e Silva, teve o acidente vascular cerebral que o afastou da presidência. Costa e Silva foi substituído provisoriamente por uma Junta Militar até que as Forças Armadas escolhessem um novo presidente. O nome de Médici apareceu, não sem contradições internas à caserna, como o mais adequado e o general assumiu a presidência em outubro de 1969. Ficou no cargo até 1974, quando foi substituído pelo general Ernesto Geisel. Tendo assumido em um momento de crise para a ditadura – pouco mais de um mês após a ação espetacular de captura do embaixador dos Estados Unidos por grupos de esquerda armada –, seu governo entrou para a história como os anos de chumbo do regime. Ao mesmo tempo, aqueles foram os anos do *milagre brasileiro*. Médici foi um presidente bastante popular à época, o que pode ser comprovado pela centralidade que sua figura adquiriu ao longo das comemorações do Sesquicentenário em 1972.

Assim, e sobretudo após a decretação do Ato Institucional número 5, em 1968,[1] abriu-se um período de estruturação dos mecanismos que transformaram a tortura em política de Estado e de intensa repressão, principalmente contra os grupos que optaram pelo enfrentamento armado ao regime, mas não apenas.

Simultaneamente, o país ingressou em um período de recuperação e crescimento econômico sem precedentes: eram os anos do chamado *milagre brasileiro*, quando, entre 1968 e 1973, o PIB do país cresceu expressivamente, ficando sempre na casa dos dois dígitos. A inflação, que constituía o grande desafio a ser vencido no campo da economia para os setores comprometidos com o golpe de 1964, manteve-se sob controle, entre 16% e 27%, os menores índices do período compreendido entre 1959 e 1994.

As taxas de crescimento econômico faziam-se acompanhar de imensas obras de infraestrutura que rasgavam o país de ponta a ponta, além de facilidades de crédito e de acesso a bens de consumo duráveis, os quais beneficiaram principalmente as classes médias. Não obstante, as expectativas de ascensão social, apesar do arrocho salarial, não conheciam classes sociais e, em todo país, muitos brasileiros sonharam com possibilidades de ter acesso a determinados bens de consumo. Somava-se a isso a euforia nacionalista a qual nos referimos.

Ao mesmo tempo, a criação de uma agência de propaganda em 1969, ligada diretamente à presidência da República, transformou os dados do crescimento econômico e das grandes obras que se multiplicavam em uma narrativa coesa, potencializando o alcance da mensagem que o regime queria passar e minimizando o aumento das desigualdades sociais, do arrocho salarial e da violência empregada de modo cada vez mais sistemático pela ditadura. Assim, podia-se ver nos filmetes e demais peças produzidas pela Assessoria Especial de Relações Públicas da Presidência da República (AERP) narrativas que falavam em integração nacional e em valores que compunham certos aspectos da identidade nacional brasileira: a tolerância, a receptividade e hospitalidade do povo, a generosidade e a harmonia no convívio racial etc. Procurava-se, assim, criar uma atmosfera de otimismo e, ao mesmo tempo, convocar a nação para a construção de um país moderno e grandioso que se transformaria, em pouco tempo, em *potência internacional*.

As festas do Sesquicentenário deveriam, portanto, transmitir a atmosfera dos anos do *milagre*. De acordo com o general Antonio Jorge Correa, presidente da comissão organizadora dos festejos, as comemorações deveriam ser grandiosas, fazendo jus ao "quadro palpitante das realizações brasileiras". Para isso, eventos de proporções nacionais – exaltando os esforços de integração nacional nos quais a ditadura se empenhava – foram realizados. Ao mesmo tempo, a festa deveria ser uma imponente evocação patriótica com a qual governo e sociedade precisavam se comprometer. Do Oiapoque ao Chuí, muitos saíram às ruas, atendendo ao chamado do regime para comemorar D. Pedro I, festejado país afora como o grande herói daquele ano.

A ditadura, no entanto, começou a se preocupar com as comemorações ainda muito cedo. Na pesquisa realizada para sua tese de doutorado sobre os eventos esportivos do Sesquicentenário, o historiador Bruno Rei levantou que, já em 1967, o general-presidente Arthur da Costa e Silva instituiu uma comissão responsável por desenvolver estudos preliminares a respeito das possibilidades de realização de uma exposição mundial comemorativa, da mesma maneira que havia sido feito em 1922, por ocasião do centenário da Independência. Para isso, um grupo de trabalho coordenado pelo secretário de comércio do Ministério da Indústria e Comércio foi constituído, ainda naquele ano, para pensar e coordenar as atividades do evento que recebeu o nome de EXPO-72. Reformulada em 1968, a comissão foi finalmente extinta em 1970 e os preparativos das comemorações apenas seriam retomados em 1971, mas, então, já vislumbrando a possibilidade de ir além do formato de uma exposição.[2]

O SESQUICENTENÁRIO EM 1972

Assim, em outubro de 1971, foi finalmente instituída uma Comissão Nacional para programar e coordenar as comemorações. Em seguida, em janeiro de 1972, foi criada a Comissão Executiva Central (CEC) para dirigir e coordenar as comemorações do Sesquicentenário da Independência do Brasil. Presidida pelo general Antonio Jorge Correa, a CEC integrava membros de ministérios civis e militares, além de importantes instituições da sociedade civil. Dentre eles, os ministros da Justiça, das Relações Exteriores, da Educação, Marinha, Exército e Aeronáutica, além dos chefes dos Gabinetes Militar e Civil da Presidência da República, os presidentes do Instituto Histórico e Geográfico Brasileiro (IHGB), do Conselho Federal de Cultura (CFC), da Liga de Defesa Nacional, da Associação de Emissoras de Rádio e TV e da Associação Brasileira de Rádio e TV.

À CEC coube a organização dos eventos nacionais, a definição do calendário comemorativo e a organização geral da festa: a escolha das datas nacionais, dos heróis e dos grandes acontecimentos do passado que deveriam ser recuperados. Deveria ser realizado também, de acordo com determinações do próprio presidente da república, um evento que fosse capaz de celebrar o momento de grandeza, de acelerado crescimento econômico e o otimismo crescente que envolvia segmentos significativos da sociedade brasileira naqueles primeiros anos da década de 1970. Assim, o mote central da festa, que partia do suposto segundo o qual em 1822 o Brasil realizara a independência política e em 1972, finalmente, conquistava a independência econômica, fazia a síntese perfeita entre passado e presente que a ditadura queria promover naquele momento.

Mas as celebrações do Sesquicentenário supunham promover outro elemento fundamental do discurso da ditadura: a integração nacional. Assim, as festas iriam mobilizar todos os estados do país, ao mesmo tempo exaltando as particularidades históricas locais e integrando-as em uma narrativa cívico-patriótica mais ampla. Dessa forma, a partir da organização da CEC, foram criadas Comissões Executivas Estaduais (CEE's), responsáveis pela integração dos respectivos estados aos eventos nacionais. Esse foi, sem dúvidas, um fator fundamental para o sucesso do Sesquicentenário, uma vez que integrou os estados e suas tradições locais aos grandes eventos nacionais, colaborando para a grande proliferação de eventos comemorativos ao longo do ano.

De modo que, desde janeiro de 1972, vivia-se no país a expectativa do início das comemorações: datas como a abertura dos portos em 1808 ou o Dia do Fico, em 9 de janeiro de 1822, foram celebradas, ao mesmo tempo que heróis e batalhas regionais eram rememorados.

Mas foi em 21 de abril, Dia de Tiradentes, que as festas começaram oficialmente, para serem encerradas apenas no dia 7 de setembro. Portanto, dentro de um calendário cívico que se caracterizou pela multiplicação de eventos comemorativos, nacionais e regionais, duas datas cívicas destacaram-se – o 21 de abril e o 7 de setembro. Foi em torno delas e dos heróis que evocavam que as celebrações do Sesquicentenário se concentraram. Não obstante, outra característica que marcou a leitura feita pela ditadura da História-Pátria naquele ano foi, justamente, a celebração dos laços de amizade com o colonizador: festejava-se o caráter pacífico e conciliador do processo de independência, conduzido pelo herdeiro do trono português, sem resultar – em tese – em guerras, revoluções sociais ou dissolução do território.

Sob esse aspecto, o evento central das comemorações do Sesquicentenário foi o repatriamento dos restos mortais do primeiro imperador da nação independente, D. Pedro I, de Portugal para o Brasil. Aqui chegando, o imperador faria uma última viagem pelo país, antes de encontrar o descanso eterno na colina do Ipiranga, local onde, 150 anos antes, proclamou a Independência.

Assim, no dia 22 de abril,[3] o navio Funchal atracou no porto do Rio de Janeiro. Ali, desembarcou uma comitiva composta por autoridades portuguesas, dentre as quais o presidente Américo Thomaz. Foram recebidos pelo general Médici, a quem entregaram a urna contendo os restos mortais de D. Pedro I. Do Rio de Janeiro, onde permaneceram por alguns dias para serem visitados pelos populares, os despojos do imperador seguiram por um longo périplo, que contemplou todas as capitais e territórios nacionais, até chegar, em setembro, em São Paulo, para o encerramento das festividades.

Mas se as festas se concentraram no retorno de D. Pedro I ao país, a abertura oficial ocorreu no dia de Tiradentes, outro grande herói nacional. A ideia era iniciar as comemorações com os chamados "Encontros Cívicos Nacionais", evento que deveria acontecer em todas as cidades do país e que consistiu na mobilização das populações para, na mesma hora, ouvirem a saudação do presidente da República, que foi transmitida através de rede nacional de rádio. Cada localidade poderia definir as formas de celebração. Shows de música popular e campeonatos de futebol "dente de leite", além de discursos das autoridades municipais foram algumas das mais populares que os Encontros Cívicos promoveram. O fundamental, no entanto, era que todos estivessem a postos para, às 18 horas, ouvirem as palavras do presidente Médici.

Os Encontros Cívicos Nacionais, em abril, e a peregrinação dos despojos de D. Pedro I, seguida de sua inumação no Ipiranga, em setembro, foram os dois acontecimentos maiores de uma festa que teve como característica mais marcante a multiplicação, país afora, de eventos comemorativos os mais diversos ao longo de todo o ano de 1972. A partir da escolha das duas datas, rememorava-se dois dos maiores heróis do panteão nacional – Tiradentes e D. Pedro I; entre uma data e outra, cinco meses inteiros de festas nos quais a ditadura se expôs solene aos brasileiros, festejando a história pátria, mas também, e principalmente, o presente e as perspectivas de futuro.

A festa, no entanto, incluiu outros eventos: livros foram editados e reedições especiais, financiadas pelo Estado, vieram a público;

escolas e universidades foram mobilizadas; inauguração de obras; músicas compostas especialmente para a ocasião; competições esportivas organizadas por todo o país, premiando os vencedores com o "Troféu Sesquicentenário". No âmbito esportivo, no entanto, o evento mais importante, organizado oficialmente pela Confederação Brasileira de Desportos (CBD), foi um campeonato internacional de futebol. A Taça Independência, com jogos marcados em diversos estádios do país, pretendia reunir grandes seleções de futebol do mundo, dentre elas, evidentemente, a seleção brasileira tricampeã do mundo.

Das formas mais diversas, governo e setores expressivos da sociedade viveram, em 1972, um ano inteiro de comemorações e festas que, ao mesmo tempo que evocavam valores, tradições e heróis da pátria, realizavam uma orgulhosa comemoração do tempo presente, a partir da leitura, autoritária, formulada pela ditadura. Foi um momento no qual o regime conseguiu, através da mobilização de determinada interpretação do passado nacional, estabelecer diálogo com segmentos expressivos da sociedade brasileira.

LEMBRAR, ESQUECER, COMEMORAR: A MEMÓRIA NACIONAL

Mas, por que as festas cívicas e as celebrações são tão importantes para as sociedades modernas? Como e que escolhas são feitas quando se trata de recordar, em sociedade, o passado?

As identidades nacionais, e isso vale para qualquer nação moderna, não são elementos inatos que acompanham as nações desde seus nascimentos. Ao contrário, trata-se de complexos processos de construção, os quais se baseiam tanto nas lutas políticas do tempo presente como na recuperação de elementos do passado. São também frutos de disputas simbólicas e culturais, marcadas por incessantes dinâmicas entre o que deve ser dito em determinado momento e o que deve ser silenciado, não dito.

O SESQUICENTENÁRIO EM 1972

Nesse processo, o Estado-nação exerce também um papel preponderante. Quando surgiu historicamente, em fins do século XVIII, o Estado-nação, em sua forma moderna, investiu a noção de *pátria* de um sentido sagrado, divino, o qual, por sua vez, moldou, em certa medida, o significado do nacionalismo como entendemos hoje em dia. Em seu estudo sobre a sacralização da política durante o fascismo na Itália, o historiador Emilio Gentile cita o trecho de um escrito do Abade Coyer, de 1755, no qual definia a pátria como "uma potência tão antiga como a sociedade, fundada sobre a natureza e a ordem; uma potência superior a todas as potências que instaura em seu seio".[4]

De acordo com Gentile, foi uma ideia de pátria muito similar a essa que triunfou a partir da Revolução Francesa (1789-1799) e a partir da qual se desenvolveu a concepção do Estado como educador do povo no culto à nação. Assim, à pátria outorgou-se um valor religioso, transformando-a em elemento capaz de construir a unidade moral entre os cidadãos e a consagração do indivíduo ao bem comum. O discurso patriótico deu à nação, portanto, um sentido sagrado, concedendo à política valor religioso e ao Estado, uma missão educadora: a de criar cidadãos devotados à pátria.

Para realizar tal missão, foi preciso recorrer à elaboração de uma narrativa nacional que desse sentido e unidade à nação. Retornar ao passado, buscando nele elementos fundacionais que explicassem a existência nacional em sua unicidade tornou-se um movimento comum. O passado nacional tornava-se um elemento capaz de dar coesão histórica à nação. Lembrar o passado, exercitar a memória nacional tornou-se fundamental para o processo de construção das identidades nacionais.

Mas como se dá, em termos coletivos, o processo de recordar o passado? Todo passado deve ser lembrado? Que memórias devem ser ativadas?

Se entendemos que as identidades nacionais são processos de construção social, o mesmo deve ser postulado sobre os modos de conformação da memória nacional. A memória, fenômeno que pode ser percebido à primeira vista como individual, deve ser compreendido, não obstante, a partir de sua dimensão coletiva e social. Sob esse aspecto, precisa ser considerada tendo em vista sua fluidez e capacidade de transformação, oscilando em meio às disputas e dinâmicas coletivas. Nesse sentido, como historiadores e cientistas sociais têm chamado atenção, a memória coletiva é sempre mutante, operando a partir de uma temporalidade complexa: fruto dos olhares que o presente – com suas próprias questões e disputas políticas – lança sobre o passado, ela se volta também para o futuro, projetando sobre ele suas expectativas.

Assim, mais que o simples ato de lembrar eventos passados, a memória social, sempre coletiva, deve ser compreendida segundo as interações entre lembrar, esquecer e silenciar. Os processos a partir dos quais as sociedades retomam o passado são marcados, portanto, por demandas formuladas no tempo presente e também sobre o que esperam para o futuro.

Tomando como exemplo a memória nacional, aspecto fundamental do ponto de vista da formulação de identidades nacionais, teremos a exata dimensão de como a memória é um processo de construção coletiva, fruto de escolhas narrativas muitas das quais fincadas em expectativas e projetos políticos do tempo presente.

Assim, os Estados nacionais modernos, em sua missão de educar o povo no culto à pátria, voltam-se para o passado de forma seletiva, pinçando eventos e personagens, datas comemorativas e símbolos capazes de contar determinada narrativa fundacional e coesora da nação. Heróis, efemérides e o próprio ato de comemorar são escolhidos, a partir das demandas e disputas do tempo presente, como elementos capazes de trazer legitimidade ao Estado ou a determinado regime, sobretudo em momentos de ruptura institucional.

As comemorações, por sua vez, teriam como função lidar com a perspectiva da construção de um tempo novo, através, para tanto, dos exemplos e da ritualização do passado. Pretendem, conforme explica o historiador português Fernando Catroga em seu livro *Nação, mito e rito*, reconstituir e solenizar a reinvenção do contrato social, fazendo com que "os indivíduos se sintam como sujeitos sociais e cívicos, isto é, como cidadãos compartícipantes de uma colectividade espiritual que os envolvia, apelava e mobilizava, chamada povo".[5]

Se considerarmos o caso do Brasil e o advento da República, teremos uma ocasião interessante para analisar como os eventos do dia 15 de novembro de 1889 instituíram uma nova ordem, a qual rapidamente se viu diante do desafio de, como afirmou José Murilo de Carvalho em seu livro *A formação das almas*, "atingir o imaginário popular para recriá-lo dentro dos valores republicanos".[6] É nesse sentido que o historiador examina como se deu a escolha de Tiradentes como herói da República. Não se tratava da única opção possível. Ao contrário, Carvalho demonstra como várias outras figuras colocavam-se como sérios candidatos ao posto, dentre elas os líderes da Proclamação da República, os marechais Deodoro da Fonseca e Floriano Peixoto, e frei Caneca, participante da Revolução Pernambucana de 1817 e, pouco mais tarde, líder e mártir da Confederação do Equador (1824).

A opção por Tiradentes prevaleceu em função de uma série de elementos, os quais, por sua vez, relacionam-se de modo direto às demandas de conformação do pacto republicano, já a partir de 1889. O principal deles, no entanto, talvez tenha sido o fato de ter sido mártir de uma revolta que jamais saiu do papel. Diferente de frei Caneca, o qual se envolveu diretamente em lutas reais e morreu fuzilado, como "herói desafiador, quase arrogante", Tiradentes aparece como vítima, que sofreu em silêncio, assumindo sozinho as responsabilidades das quais seus companheiros teriam tentado escapar e realizando o sacrifício máximo pela nação e pelos ideais republicanos.

Algumas das imagens-símbolo mais marcantes do martírio de Tiradentes são justamente aquelas que o aproximam do martírio de

Jesus Cristo, fazendo do alferes um exemplo incontornável para a República e do sacrifício pela pátria um valor fundamental para a nação. Ainda de acordo com José Murilo de Carvalho,

> Tudo isso calava profundamente no sentimento popular, marcado pela religiosidade cristã. Na figura de Tiradentes todos podiam identificar-se, ele operava a unidade mística dos cidadãos, o sentimento de participação, de união em torno de um ideal, fosse ele a liberdade, a independência ou a república. Era o totem cívico. Não antagonizava ninguém, não dividia as pessoas e as classes sociais, não dividia o país, não separava o presente do passado nem do futuro.[7]

Assim, os processos a partir dos quais Tiradentes tornou-se um dos principais heróis e símbolos da República brasileira evidenciam como as formas de construção da memória coletiva são processos seletivos que, em geral, nos dizem mais sobre o tempo presente do que sobre o passado. Conhecer o mito de Tiradentes, por exemplo, e as formas pelas quais ele foi alçado ao posto de herói nacional nos diz mais sobre as disputas políticas travadas pela República brasileira quando de seu nascimento do que propriamente sobre o século XVIII em que o alferes viveu e lutou.

D. PEDRO I: O HERÓI DO SESQUICENTENÁRIO E OS USOS POLÍTICOS DO PASSADO

Voltando ao caso das comemorações do Sesquicentenário em 1972, se desde 1889 Tiradentes estabeleceu-se como o grande herói da República, por que a escolha da ditadura para o Sesquicentenário recaiu sobre D. Pedro I?

A escolha de D. Pedro I como herói em 1972 foi a escolha do tempo presente. Mas não se tratou de uma escolha simples. Ao contrário do que se pode imaginar, o imperador não era o herói óbvio da Independência. Em *A Nação faz 100 anos*, livro em que discute

O SESQUICENTENÁRIO EM 1972

os debates de 1922 em torno do centenário da Independência, a historiadora Marly Motta observa que, naquele contexto, Pedro I foi execrado pelos organizadores das comemorações, que preferiram centrar as celebrações em torno de José Bonifácio, este sim, com características que mereciam ser exaltadas: brasileiro – e não português, como o primeiro imperador –, cientista reconhecido, havia sido favorável ao fim da escravidão e era um "amante da ordem". Em tudo divergia de D. Pedro, tido em 1922 como oportunista e irresponsável, além de representar a ordem imperial, então derrubada há pouco tempo por uma república que ainda precisava se firmar no cotidiano e na mentalidade brasileira. Naquele momento, a escolha do imperador não era compatível com a República recém-instaurada. Prevaleceu, ao contrário, uma leitura republicana de José Bonifácio, representado como verdadeiro artífice da Independência.

Já em 1972, o contexto era inteiramente distinto. Ainda assim, o nome de D. Pedro I encontrou resistência no âmbito do próprio governo ditatorial. No livro *Reinventando o otimismo*, sobre a propaganda oficial da ditadura, o historiador Carlos Fico demonstra que o general Octavio Costa, à época diretor da AERP, não concordava em centrar as comemorações do Sesquicentenário na figura do imperador. Além de restrições à própria figura de D. Pedro, o general atribuía às cerimônias fúnebres de traslado e peregrinação dos despojos do imperador um tom lúgubre e mórbido que o incomodavam. Mas apesar das objeções do diretor da agência de propaganda do regime, D. Pedro I contava com a simpatia do próprio presidente da República e da alta cúpula da CEC. Por isso, a opção pelo imperador acabou prevalecendo.

D. Pedro era, de fato, uma figura complexa e mesmo ambivalente: por um lado, expressava a força e autoridade que a ditadura tanto prezava. Por outro, no entanto, sua figura era conhecida pela informalidade no trato pessoal e pelo caráter mundano de seus comportamentos. Sob esse aspecto, tratava-se de uma escolha pouco evidente para um regime que apelava tanto ao sentido de ordem, moralidade e bons costumes. De forma que a solução encontrada pela CEC foi recuperar a imagem de D. Pedro sob um viés bastante oficial: a partir de uma concepção de história que privilegiava os grandes heróis nacionais, foram retomadas as qualidades de um monarca forte, inteligente, audacioso, impetuoso, mas também sensível às necessidades do povo. Certamente, sua personalidade era extremamente polêmica. Conhecido como malcriado e fanfarrão, marido infiel e agressivo para a primeira esposa, além de corrupto, a ditadura soube representar D. Pedro I a partir da afirmação de características consideradas positivas, silenciando sobre os aspectos polêmicos.

Assim, afirmava-se sua autoridade e silenciava-se suas tendências corruptas; festejava-se a personalidade intempestiva e a espontaneidade de suas atitudes, sem nada dizer sobre seu gênio agressivo ou seus casos extraconjugais. Ao mesmo tempo, a CEC procedeu a uma recuperação militarizada da imagem de D. Pedro I, favorecendo sua identificação com as Forças Armadas e com a ditadura, exaltando qualidades como força e autoridade.

Tais adjetivos, inclusive, não eram estranhos a uma sociedade que vivia, então, já há oito anos sob uma ditadura militar. A leitura de D. Pedro e do 7 de setembro tinha como objetivo, portanto, o enaltecimento de tais características e, por conseguinte, da ditadura. Assim, não foi difícil para as pessoas perceberem que as características que um "bom brasileiro" deveria possuir eram aquelas atribuídas e celebradas na figura de D. Pedro, as quais eram constantemente relacionadas, no presente, ao presidente Médici. Semelhanças que foram construídas, mas que somente puderam ser compartilhadas e associadas a tais personagens porque conformavam importantes aspectos de determinado imaginário coletivo nacional, do qual a ditadura era reflexo e que, ao mesmo tempo, soube potencializar. Aliás, é preciso destacar, mesmo o caráter despótico de D. Pedro não era estranho à cultura política de grandes parcelas daquela sociedade, nos anos 1970, o que fazia da associação entre D. Pedro I e Médici algo bastante palpável.

E, se as demandas do tempo presente determinam as formas de recuperação do passado, não foi por acaso que o imperador pôde ser visto em 1972 como a imagem do herói da nação. Isso porque a figura de um príncipe combinava bem com um país em festa e com as imagens eufóricas das transformações proporcionadas pelo *milagre brasileiro*. Assim, era através do espelho imperial, da nobreza e das promessas de um futuro grandioso que a ditadura propunha olhar para o passado.

Não obstante, se D. Pedro I foi o herói do Sesquicentenário, a nação – juntamente com a tradição da República brasileira – fez de Tiradentes seu herói máximo. As celebrações de 1972 não poderiam, portanto, ignorar essa tradição. Dessa maneira, se o Sesquicentenário teve o seu fim apoteótico na Semana da Pátria, com a inumação dos restos mortais de D. Pedro I em São Paulo, a abertura não poderia ser em outra data, senão o 21 de abril.

Em uma de suas primeiras reuniões, a CEC estabeleceu que as comemorações do Sesquicentenário da Independência deveriam ser "condensadas e limitadas a uma faixa do ano, para que não se incorresse na falha de torná-las fastidiosas e vulgares". Assim, para os intelectuais, políticos e militares envolvidos na organização do evento, tributários de uma tradição histórica que valorizava, sobretudo, os grandes homens e os grandes acontecimentos, pareceu lógico que essa faixa do ano ficasse limitada entre o 21 de abril e o 7 de setembro. O general Correa, presidente da CEC, foi ainda mais longe na releitura do passado ao afirmar que as duas datas se complementavam.

A rigor, aliás, tal associação entre o 21 de abril e o 7 de setembro, ou entre as figuras de Tiradentes e D. Pedro I – por mais improvável que pareça –, não foi estranha em 1972. Ao contrário, no discurso oficial da ditadura, pode-se mesmo dizer que ela foi predominante, como se ambos tivessem lutado a mesma luta; como se a batalha do primeiro não tivesse se travado contra a dinastia à qual viria a pertencer o segundo. Ao contrário, pouco se falava disso. O que parecia mesmo relevante era que ambos haviam lutado pela independência. E foi partindo desse pressuposto que a ditadura buscou destacar os aspectos comuns entre as duas figuras históricas – mesmo que para tanto fosse preciso certo exercício de contorcionismo contrafactual –, fazendo disso a base das comemorações e silenciando a respeito dos inúmeros e infindáveis contrastes.

Tiradentes era, portanto, de acordo com a história oficial que se rememorava, um precursor. Sua luta inspiraria os que viriam depois dele, até que chegaria D. Pedro: português que fez a independência à brasileira, com pulso forte, porém sem grandes rupturas, preservando os laços com a antiga metrópole, os quais foram festivamente celebrados por ambas as ditaduras – brasileira e portuguesa – em 1972.

Foi essa lógica histórica, que exaltava a continuidade e a conciliação, colocando em segundo plano os conflitos, que se estabeleceu em 1972. Assim, conquanto o herói do Sesquicentenário fosse D. Pedro I, em torno do qual se concentraram as comemorações, Tiradentes não poderia ser esquecido; afinal, ele era o protomártir, o grande herói da República. Não obstante, a figura de Tiradentes, que podia ser considerada subversiva, de acordo com determinadas leituras, foi relegada a segundo plano em relação à de D. Pedro I.

Naquele momento, o principal herói nacional era mesmo o imperador, D. Pedro I – herdeiro do trono português –, capaz de fazer a ligação entre ex-metrópole e ex-colônia; entre presente e passado; entre independência política e independência econômica. Em suma, um imperador militarizado, autoritário, enérgico, muito semelhante àqueles que, então, governavam o país. Naquele momento, o importante era consagrar como herói a figura que transpirava autoridade, poder de mando e comando. A escolha do imperador fazia, assim, o elogio da autoridade que no passado, da mesma forma como acontecia no presente, não havia sido eleita, mas era aceita.

Assim, apesar de seu protagonismo no panteão de heróis da República, Tiradentes acabou secundarizado em 1972, em detrimento da figura de D. Pedro I, que despertava tantas aproximações com os líderes do presente. É preciso lembrar também que, embora Tiradentes fosse um herói consensual e seu martírio reivindicado à direita e à esquerda, sua história podia remeter à revolta, à rebelião e à tentativa violenta de ruptura da ordem. Não era com esses princípios que a ditadura gostaria de associar as festas de 1972. Nesse sentido, D. Pedro I foi o herói mais apropriado ao Sesquicentenário: sua imagem fazia o elogio da ordem, da liderança de pulso firme e, ao mesmo tempo era conciliadora, capaz, simultaneamente, do grande gesto e de controlar eventuais revoluções sociais. Não obstante, há um importante elemento em torno de Tiradentes, que ajuda a compor o consenso sobre a figura do herói, e caro também aos valores que a ditadura pretendia celebrar em 1972: seu martírio, seu sofrimento e sacrifício pela pátria.

Sob esse aspecto, o êxito das comemorações de 1972 residiu justamente no fato de que, ao escolher D. Pedro I como o herói maior do Sesquicentenário, a ditadura não abandonou Tiradentes. Ao contrário, soube reivindicar os principais elementos que conformam o culto à sua figura: o martírio, o sacrifício pela pátria – tão caros também ao imaginário político das Forças Armadas –, a unidade mística entre os cidadãos que a associação de sua figura com a de Cristo, relativamente comum nas imagens produzidas do herói desde o século XIX, proporcionava. Ao reafirmar as continuidades entre o sacrifício de Tiradentes e o grande feito de Pedro I, a ditadura celebrava a conquista da independência – alcançada, finalmente, em 1822 –, como um valor universal, diluindo eventuais diferenças e rupturas entre as batalhas travadas por Tiradentes e pelo Imperador.

Por fim, pode-se também explicar o protagonismo de D. Pedro I em detrimento de Tiradentes em 1972 pelo fato de que, com o Sesquicentenário, a ditadura pretendia comemorar a independência e não a liberdade. A primeira, associada diretamente ao imperador, em função de seu grande gesto às margens do Ipiranga; a segunda, eternizada no lema da revolta de Vila Rica – *liberdade ainda que tardia* –, indelevelmente ligada ao alferes. Portanto, o que se festejava em 1972 era muito mais a independência que a liberdade. E era justamente nesse sentido que a ditadura elaborou e difundiu uma narrativa sobre a festa que enfatizava a continuidade entre a independência política realizada em 1822 e a independência econômica supostamente conquistada em 1972.

Assim, foi a partir da associação entre independência política e independência econômica que as comemorações do Sesquicentenário construíram sua interpretação da história brasileira, inserindo a ditadura como parte fundamental da construção da soberania e, portanto, da história nacional. Delfim Netto, então ministro da Economia do governo Médici, por exemplo, afirmava em 1972: "Poucos países têm, como o Brasil, a possibilidade de construir o desenvolvimento com liberdade. Na altivez, paciência, dignidade e constância, constrói-se um País desenvolvido, soberano e livre."[8]

Era esse o tom do discurso rememorativo oficial no ano do Sesquicentenário. O retorno a Tiradentes e a D. Pedro I encontrava sua razão de ser na ideia muito comum nos anos do milagre, segundo a qual governo e sociedade estavam construindo um novo país, com "P" maiúsculo, como escreveu Delfim Netto. Mas a liberdade à qual o ministro se referia não era a mesma pela qual lutou Tiradentes – revolucionária, disruptiva. Tratava-se, antes, da liberdade de existir segundo determinada perspectiva do que era considerado um tipo de comportamento e participação aceitável pela ditadura, que poderia contribuir, segundo os preceitos do regime, para a construção do Brasil, potência internacional.

Notas

[1] O Ato Institucional nº 5 (AI-5), decretado em 13 de dezembro de 1968 pelo governo do general Arthur da Costa e Silva, foi o mais violento dos atos institucionais da ditadura. O instrumento dava plenos poderes ao presidente da República, permitindo dissolver o Congresso Nacional, decretar intervenção nos estados e municípios, suspender os direitos políticos de quaisquer cidadãos por até dez anos, bem como o direito ao *habeas corpus*, dentre outros. O AI-5 vigorou até dezembro de 1978.

² A rigor, a EXPO-72 aconteceu e constituiu-se em verdadeira vitrine do *milagre brasileiro*. Foi transformada em "Feira de Exportações – Brasil Expo-1972" e com ela encerrou-se os eventos do Sesquicentenário em São Paulo, logo após os desfiles do 7 de setembro. Mas, no formato que o planejamento das comemorações foram tomando a partir de 1971, a feira se transformou em apenas mais um dentre os muitos e grandiosos eventos previstos para o ano seguinte.
³ A data lembrava a chegada das primeiras caravelas portuguesas na costa brasileira, em 22 de abril de 1500.
⁴ GENTILE, Emilio. *El culto del littorio*: la sacralización de la política en la Italia fascista. Buenos Aires: Siglo XXI, 2007, p.18.
⁵ CATROGA, Fernando. *Nação, mito e rito*: religião civil e comemoracionismo (EUA, França e Portugal). Fortaleza: Nudoc/Museu do Ceará, 2005, p.93.
⁶ CARVALHO, José Murilo. *A formação das almas*: o imaginário da República no Brasil. São Paulo: Companhia das Letras, 1990, p.10.
⁷ Idem, p.68.
⁸ NETTO, Antonio Delfim. Prefácio. In: MELO FILHO, Murilo. *O milagre brasileiro*. Rio de Janeiro: Bloch, 1972, p. 11.

Bibliografia

CARVALHO, José Murilo. *A formação das almas*: o imaginário da República no Brasil. São Paulo: Companhia das Letras, 1990.
CATROGA, Fernando. *Nação, mito e rito*: religião civil e comemoracionismo (EUA, França e Portugal). Fortaleza: Nudoc/Museu do Ceará, 2005.
CORDEIRO, Janaina Martins. *A ditadura em tempos de milagre*: comemorações, orgulho e consentimento. Rio de Janeiro: Editora FGV, 2015.
FICO, Carlos. *Reinventando o otimismo*: ditadura, propaganda e imaginário social no Brasil. Rio de Janeiro: Editora FGV, 1997.
GENTILE, Emilio. *El culto del littorio*: la sacralización de la política en la Italia fascista. Buenos Aires: Siglo XXI, 2007.
MOTTA, Marly Silva da. *A nação faz 100 anos*: a questão nacional no Centenário da Independência. Rio de Janeiro: Editora FGV, 1992.
NETTO, Antonio Delfim. Prefácio. In: MELO FILHO, Murilo. *O milagre brasileiro*. Rio de Janeiro: Bloch, 1972.
REI, Bruno Duarte. *Celebrando a pátria amada*: esporte, propaganda e consenso nos festejos do Sesquicentenário da Independência do Brasil (1972). Rio de Janeiro: 7Letras, 2020.

Os organizadores e os autores

BRUNO LEAL

Historiador e professor de História Contemporânea da Universidade de Brasília (UnB). Doutor em História Social pela Universidade Federal do Rio de Janeiro e fundador do portal de divulgação científica Café História. Pela Contexto, é coautor dos livros *Possibilidades de pesquisa em História* e *Novos combates pela História*.

JOSÉ INALDO CHAVES

Professor de História do Brasil Colonial na Universidade de Brasília (UnB) e doutor em História pela Universidade Federal Fluminense (UFF).

ANDRÉA SLEMIAN

Historiadora e professora da Universidade Federal de São Paulo (Unifesp), onde leciona na graduação e na pós-graduação. Bolsista Produtividade em Pesquisa CNPq.

LUIZ CARLOS VILLALTA

Historiador e professor titular de História do Brasil e Prática de Ensino de História da Faculdade de Filosofia e Ciências Humanas da Universidade Federal de Minas Gerais (FAFICH-UFMG). Titular da Cátedra Unesco/UFMG-DRI "Territorialidades e Humanidades: a Globalização das Luzes".

HELIO FRANCHINI
Historiador, advogado e cientista político. Atualmente é diplomata do Ministério das Relações Exteriores – DF.

KEILA GRINBERG
Historiadora e professora titular da Universidade Federal do Estado do Rio de Janeiro (UNIRIO) e da Universidade de Pittsburgh, onde atualmente dirige o Center for Latin American Studies.

VÂNIA MOREIRA
Doutora em História pela Universidade de São Paulo (USP). Professora do Programa de Pós-Graduação em História da Universidade Federal Rural do Rio de Janeiro (UFRRJ).

NEUMA BRILHANTE
Professora do Departamento de História da Universidade de Brasília (UnB), atua na área de História do Brasil Império. Suas pesquisas se concentram na formação e atuação de elites políticas em fins do Antigo Regime luso-brasileiro e formação e consolidação do Império Brasileiro.

JANAINA MARTINS CORDEIRO
Historiadora e professora de História Contemporânea da Universidade Federal Fluminense (UFF), onde também se doutorou em 2012. É pesquisadora do CNPq e da Faperj.

GRÁFICA PAYM
Tel. [11] 4392-3344
paym@graficapaym.com.br